GREAT ARCHITECTS OF THE 20th CENTURY
GRANDES ARQUITECTOS DEL SIGLO XX

MANUEL I. GALINDEZ

JAVIER CENICACELAYA
IÑIGO BASARRATE
IÑIGO SALOÑA

ORO
EDITIONS

ORO
EDITIONS

Publishers of Architecture, Art, and Design
Gordon Goff: Publisher

www.oroeditions.com
info@oroeditions.com

Published by ORO Editions

Authors: Javier Cenicacelaya, Iñigo Basarrate and Iñigo Saloña
Photography by: José Manuel Cutillas, José Fontán Basañez, José Miguel Llano, Manuel Rodriguez Fernández, Daniel Rovira
Drawings by: Iñigo Saloña
Book Design by: the authors
Edited by: ORO Editions
Project Manager: Jake Anderson

10 9 8 7 6 5 4 3 2 1 First Edition

ISBN: 978-1-954081-82-6

Color Separations and Printing: ORO Group Ltd.
Printed in Spain by GZ Printek, Zamudio.

This book has been made possible thanks to the contribution of:
Este libro ha sido possible gracias a la colaboración de:

EUSKO JAURLARITZA GOBIERNO VASCO
LURRALDE PLANGINTZA, ETXEBIZITZA ETA GARRAIO SAILA
DEPARTAMENTO DE PLANIFICACIÓN TERRITORIAL, VIVIENDA Y TRANSPORTES
Euskadiko Arkitektura Institutua Instituto de Arquitectura de Euskadi
Mugak/ Fronteras Boundaries
ARK UPE
INTBAU SPAIN

ORO Editions makes a continuous effort to minimize the overall carbon footprint of its publications. As part of this goal, ORO Editions, in association with Global ReLeaf, arranges to plant trees to replace those used in the manufacturing of the paper produced for its books. Global ReLeaf is an international campaign run by American Forests, one of the world's oldest nonprofit conservation organizations. Global ReLeaf is American Forests' education and action program that helps individuals, organizations, agencies, and corporations improve the local and global environment by planting and caring for trees.

CONTENTS CONTENIDO

ACKNOWLEDGEMENTS

We are thankful to all those who have helped to make this publication possible. To the Basque Government for generously funding this project and, particularly, to Pablo García Astrain, director of Housing, Territorial Planning and Architecture for his enthusiastic support of architectural culture. We are also very thankful to Josean Medina Murua and Martín Echeverría who, from the Basque Country Architecture Institute, have supported this project.

Thank you to the architect Jesús María Susperregui, author of a brilliant monographic book about Manuel Galíndez for his invaluable help. Thank you to Grabriel Chapa and Carlos Ferrater; to José Fontán Basañez and Fernando García Pérez; to the photographers José Miguel Llano, Daniel Rovira and Josema Cutillas; to the employers of the Municipal Archive of Bilbao, of the Archivo de Villa de Madrid, of the Contemporary Municipal Archive of Barcelona, of the archive of the Architects Association of Navarre and the Basque Country. Thank you to the Association INTBAU-Spain, and, very especially to *Composición Arquitectónica-Art & Architecture* for taking the initiative of publishing this book. Our most grateful acknowledgement to all who have contributed to this project.

AGRADECIMIENTOS

Agradecemos a cuantos han contribuido con su ayuda a que la presente publicación vea la luz. Al Gobiernos Vasco por financiar generosamente este proyecto y, concretamente, a Pablo García Astrain, director de Vivienda, Suelo y Arquitectura por su decidido apoyo en pos de la cultura arquitectónica. También queremos mostrar nuestro agradecimiento a Josean Medina Murua y Martín Echeverría que desde el Instituto de Arquitectura de Euskadi han apoyado esta iniciativa.

Gracias al arquitecto Jesús María Susperregui, autor de una brillante monografía sobre Manuel Galíndez, por su inestimable apoyo; así como a Gabriel Chapa y Carlos Ferrater; a José Fontán Basañez y Fernando García Pérez; a los fotógrafos José Miguel Llano, Daniel Rovira y Josema Cutillas; a los trabajadores del Archivo Municipal de Bilbao, del Archivo de Villa de Madrid, del Archivo Municipal Contemporáneo de Barcelona y del Archivo del Colegio Oficial de Arquitectos Vasco Navarro. A la Asociación INTBAU-España. Y muy especialmente a Composición Arquitectónica-Art & Architecture *por la iniciativa para la publicación del presente libro, y su puesta en pie. Nuestro sincero agradecimiento a todos los que han colaborado en este proyecto.*

BIOGRAPHY

Manuel Ignacio Galíndez Zabala was born in Bilbao in the 8th of June of 1892. His father was a state lawyer. He studied baccalaureate at the Jesuit school of Orduña (Biscay). When he was 16 years old he moved to Madrid in order to study architecture, and he entered the School of Architecture of Madrid in the 1909-1910 course. He graduated as an architect in 1918 and he returned to Bilbao.

Since the end of the 19th century and until the outbreak of the Spanish Civil War, the province of Biscay and, particularly Bilbao, experienced a dramatic economic growth. Important industrial and financial companies were established: shipbuilding companies, metallurgy manufacturing companies, electric utility companies, banks, etc. Galíndez arrived at Bilbao in a moment of rapid economic growth and urban expansion.

Regarding architecture, the most important figures at the time were Ricardo Bastida (1879-1953), Manuel María Smith e Ybarra (1879-1956), Leonardo Rucabado (1875-1918) and Rafael Garamendi (1882-1945), to mention a few. These architects worked designing both suburban detached houses and collective houses in urban areas. For the former

BIOGRAFÍA

Manuel Ignacio Galíndez Zabala nace en Bilbao el 8 de junio de 1892, Su padre era abogado del estado. Estudió el bachillerato en el colegio de los Padres Jesuitas de Orduña (Bizkaia). A los 16 años se desplaza a Madrid para estudiar arquitectura, ingresando en la Escuela de Arquitectura de Madrid el curso 1909-1910. Acabó los estudios de arquitecto en 1918; este año regresó a Bilbao.

Desde finales del siglo XIX y hasta el estalldo de la Guerra Civil, la provincia de Bizkaia, y particularmente Bilbao, experimentaron un colosal desarrollo económico. Se crearon importantes empresas y entidades financieras: astilleros navales, altos hornos, compañías eléctricas, bancos, etc. Galíndez llega a Bilbao en un momento de gran expansión económica y crecimiento urbano.

En cuanto al ambiente arquitectónico, los referentes locales más importantes eran: Ricardo Bastida (1879-1953), Manuel María Smith e Ybarra (1879-1956), Leonardo Rucabado (1875-1918) o Rafael Garamendi (1882-1945), por citar algunos. Estos arquitectos realizaban por una parte viviendas unifamiliares, y por otra edificios urbanos de viviendas multifamiliares. Para las primeras, evocaban, con una visión romántica, la arquitectura vernácula; en Bilbao con el estilo llamado neovasco,

they evoked, with a romantic spirit, the vernacular architecture: in Bilbao this was the style known as Neo-Basque and also the Montañés, although architecture with reminiscences of the English domestic style was also popular. For the latter, and for other urban buildings, they used a more ornate and elegant architecture, that suited the taste of the rising bourgeoisie.

Manuel Galíndez started his career as an apprentice to Ricardo Bastida, who was thirteen years his senior, and was already a considerably prestigious professional. In 1919 Bastida had won the competition to design the monumental building for the Bank of Bilbao, in Alcalá street 16, in Madrid. This building was finished in 1923 and Galíndez was during this time a witness to the construction of this relevant building.

The first work analysed in this book is the Bank of Vizcaya in Alcalá Street 45, Madrid, placed very close to the building by Ricardo Bastida. It was designed in 1930, and it is the first building which shows Galíndez's personal approach to architecture. Until that moment he had followed the then fashionable trends, his buildings lavishly showing a rich massing and added decoration.

This building for the Bank of Vizcaya, and the ones he designed from then on in urban contexts would share some common features. These features appear independently from the architectural language used, as it will be explained in all the buildings analysed in this book. All of them have an underlaying classical structure and in some cases this classicism is very explicit. Always within this classical structure, many are the mechanisms used by Galíndez, and that will be described in detail in this publication.

When Galíndez designed the project for the Bank of Vizcaya in Madrid, the new trends in architecture, that is, Modernist

o el montañés; también gozaba de notable aprecio la arquitectura con referencias a la casa inglesa. Para las segundas y otros edificios urbanos, se proponía una arquitectura más ornamentada y elegante, al gusto de una clientela de emergente burguesía.

Manuel Galíndez inicia su práctica profesional en el estudio de Ricardo Bastida, trece años mayor que él, y con un notable prestigio profesional. En 1919 Bastida había ganado el concurso para proyectar y construir el imponente edificio del Banco de Bilbao, en el número 16 de la Calle de Alcalá, de Madrid. Este edificio se acabó en 1923, siendo Galíndez testigo del proceso de puesta en pie de tan relevante obra.

La primera obra que se describe en esta publicación es el Banco de Vizcaya, en el número 45 de la Calle de Alcalá, de Madrid; muy cerca del edificio de Ricardo Bastida. El proyecto data de 1930; se trata de la primera obra en la que Galíndez deja una impronta muy personal. Hasta entonces había seguido las maneras al uso; con edificios de profusas volumetrías y ornamentación añadida, para dotarles de cierta ampulosidad.

Este edificio para el Banco de Vizcaya, y los que realizó a partir de entonces para edificios urbanos, seguirán unas maneras específicas, unas determinadas constantes. Esto será independiente del lenguaje arquitectónico, como se explicita en todas las obras que este libro presenta. En ellas subyace una matriz clásica. En algunos casos la opción del clasicismo es muy explícita. Dentro siempre de la matriz compositiva clásica, son muchos los mecanismos a los que Galíndez recurre, y que en la presente publicación se exponen con todo detalle.

Cuando Galíndez realiza el proyecto del Banco de Vizcaya de Madrid, llegan a España los ecos de las nuevas tendencias, los ecos de la arquitectura moderna. Pocos años antes, en 1925, había tenido lugar la Exposición de las Artes Decorativas e Industriales Modernas, *en Paris. Si bien esta exposición vino a dar carta de naturaleza al estilo Art-Déco, también supuso una*

architecture, started being known in Spain. A few years before, in 1925, the *International Exhibition of Modern Decorative and Industrial Arts* had taken place in Paris. Although this exhibition had elevated Art-Déco to the category of style, it was also the stage to show to the world a new and different way of understanding architecture that was emerging, or as it was called at the time: modern.

The architect Luis Moya pointed out that there were few people in Spain at the time who followed closely the latest publications that were appearing all through Europe. Moya explained that he was the first to take to the school of architecture of Madrid a copy of Le Corbusier's *Vers une Architecture*, published in France in 1923.

The first *CIAM (International Congress of Modern Architecture)* was held in 1928. In 1930, the Spanish chapter of the CIAM, by the *Group of Spanish Artists and Technicians for the Progress of Contemporary Architecture (GATEPAC)*. The journal of this group, AC. Documentos de Actividad Contemporánea, was first published in 1931, and another 25 issues were published until 1937.

In 1932 the Museum of Modern Art of New York organized the exhibition *Modern Architecture. International Exhibition.* Two of the curators of that exhibition, Henry-Russell Hitchcock and Philip Johnson published that same year the book *The International Style*. The conditions that according to these authors define what International Style buildings were quite reductive.

Since the early 1930s and gradually until the end of that decade, the Spanish architects adopted the language of Modern architecture, at least in the vast majority of the cases, in a superficial way, as though it were a style for the facades. Galíndez didn't follow that current. As Jesús María Susperregui rightly summarised about Galíndez:

apuesta por el cambio hacía una mirada diferente, nueva, o en palabras del momento, moderna.

El arquitecto Luis Moya comentaba que fueron muy pocos en España, quienes estuvieron puntualmente al corriente de las ultimas publicaciones que surgían en Europa. Moya contaba, cómo él fue el primero que llevó a la Escuela de Madrid un ejemplar de Vers une Architecture*, de Le Corbusier, publicado en Francia en 1923.*

En 1928 se organiza el primer CIAM (Congreso Internacional de Arquitectura Moderna). *En 1930, se funda la rama española del* CIAM, *con el* Grupo de Artistas y Técnicos Españoles para el Progreso de la Arquitectura Contemporánea (GATEPAC). *En 1931 aparece el primer número de* AC. Documenmtos de Actividad Contemporánea, *que era la revista de este grupo; se publicaron 25 números hasta 1937.*

En 1932, tiene lugar en el Museo de Arte Moderno de Nueva York la exposición Modern Architecture. International Exhibition. *Dos de los comisarios de esa exposición, Henry-Russell Hitchcock y Philip Johnson publican ese mismo año el libro* The International Style. *Según estos autores, que describen las condiciones que un edificio debía tener para ser adscrito al Estilo Internacional, las mismas eran muy reductivas.*

Desde los primeros años de la década de los 30, y gradualmente, hasta finales de la misma, los arquitectos españoles adoptaron el lenguaje de la arquitectua moderna, al menos, en la inmensa mayoría, de un modo epidérmico, es decir, como un estilo para las fachadas. Galíndez no siguió esas pautas.Como acertadamente resume Jesus María Susperregui refiriéndose a Galíndez:

> "Se resiste a abrazar un 'estilo' superficialmente moderno".

Después de este primer ejemplo que se aborda en el presente libro, se incluyen otros tres proyectos realizados antes de la Guerra Civil Española (1936-1939) que son los siguientes: Edificio Hor-

"He avoided embracing a superficially modern 'style'".

The first building addressed in this book is followed by another three of them built before the Spanish Civil War (1936-1939): Hormaeche House (1931), La Equitativa building (1934) and La Aurora building (1935). All three of them were built in Bilbao.

The Civil War meant a turning point for Spanish culture and also for its architecture. Many artists and intellectuals fled into exile. And in Spain, during the early Post-war period the new authorities fostered the construction of vernacular style architecture in rural areas, and Spanish historical styles, especially El Escorial-style classicism for public buildings in urban contexts, and even for collective houses.

Galíndez didn´t follow these trends. He had travelled across Europe and he was familiar with the architecture constructed in different countries, especially in Centre Europe. He had a very complete library, including the most influential foreign architectural journals. He was to summarize, someone who knew well what was going on around the world.

This publication includes four buildings designed after The Civil War: Baïlén Tower (1940), Naviera Aznar (1943), Hispano American Bank (1952), the three of them in Bilbao and, together with them, the Hispano American Bank in the Paseo de Gracia (1955), Barcelona. None of these buildings followed the aesthetic preferences of the governing regimen, that were upheld until the end of the 1950s.

The four buildings show a continuity with those built before the war, they manifest an interest for the composition of the facades, based on classical rules and with references to Renaissance architecture, especially in what mannerist devices are concerned, which he used frequently and with exceptional ability. This point is developed further in the

maeche (1931), Edificio La Equitativa (1934) y Edificio La Aurora (1935). Todos ellos en Bilbao.

La Guerra Civil supuso para la cultura en general e igualmente para la arquitectura, un antes y un después, es decir, un cambio de rumbo importante. Fueron muchos los intelectuales y artistas que salieron al exilio. Y en España, en los primeros años de la posguerra, el régimen gobernante simpatizaba con una arquitectura vernácula para los pequeños pueblos, y con edificios con referencias historicistas españolas y específicamente escurialenses, para los edificios públicos urbanos, e incluso para los de viviendas.

Galíndez no siguió este tipo de tendencias. Había viajado por Europa; conocía la arquitectura que se hacía en los diferentes países, especialmente en los centroeuropeos. Disponía de una muy bien dotada biblioteca, y de las revistas de arquitectura más conocidas. Era, en suma, un arquitecto que estaba al corriente de lo que tenía lugar en el mundo.

Esta publicación incluye cuatro edificos proyectados después de la Guerra Civil: Torre Bailén (1940), edificio de la Naviera Aznar (1943), Banco Hispano Americano (1952), los tres en Bilbao. Y junto a estos, el Banco Hispano Americano del Paseo de Gracia (1955) en Barcelona. Ninguno de estos edificios se ajusta a las preferencias del régimen gobernante, que estuvieron vigentes hasta finales de los años 50.

Los cuatro edificios siguen las mismas constantes que los de antes de la guerra, es decir, un interés por la composición de las fachadas, centrada en la matriz clásica y en las referencias a la arquitectura del Renacimiento, en cuanto a los recursos manieristas, ampliamente utilizados, con excepcional talento, en todas sus obras. De ello se da amplia cuenta en la Introducción al presente libro. Podría decirse que su interés por las maneras clásicas de la composición, se reafirman después de la guerra, haciéndose más académicas.

Introduction to this book. It can be said that his interest in classical composition was consolidated after the war and it became more academic.

The building for the Hispano Americano Bank in the Paseo de Gracia in Barcelona, of 1955, closes this list of selected works.

It is important to mention that Galíndez's nephew, José Chapa, joined the practice in 1943 and since that time both architects collaborated very closely. Gradually, but rather quickly, they both constituted a perfect unity in terms of building design. Although Galíndez continued as a practising architect until his last days, his involvement in the office decreased after 1960.

His extraordinary care for construction, the exquisite precision in each and every of the construction details, something which will also be stressed along the book, must also be mentioned. Only through a close and careful observation can this degree of precision be appreciated.

We shouldn't finish without a few brushstrokes about his personality. Galíndez was an extraordinarily honest and reliable. This together with his simplicity made him a very attractive person. To Galíndez architecture was a true commitment that transcended passing fashions; which was the reason of his adoption of the classical principles of the great architectural tradition.

Manuel Galíndez died in Bilbao in 1980, at the age of 87.

El edificio del Banco Hispano Americano del Paseo de Gracia de Barcelona, de 1955, cierra la lista de los ocho edificios seleccionados.

Es importante señalar la estrecha colaboración con Galíndez de su sobrino, el arquitecto José Chapa. Este se incorporó en 1943. Gradualmente, y en un corto periodo, ambos constituyen una perfecta unidad en cuanto al diseño. Si bien Galíndez siguió activo hasta el último momento, su dedicación al estudio fue decreciente a partir de 1960.

No puede pasarse por alto, algo en lo que se insiste en la exposición de las obras de este libro, como es su esmerado cuidado en la construcción. La exquisita precisión de todos y cada uno de los detalles de la construcción. Sólo una observación directa, próxima y atenta, podrá mostrar hasta qué punto tal precisión es realmente sorprendente.

Tampoco podemos dejar de lado aspectos de su personalidad. Era un hombre de una honradez y seriedad extraordinarias. Lo que unido a su talante sencillo hacían de él una persona muy atractiva. Para Galíndez la arquitectura suponía un verdadero compromiso que trascendía las modas y lo pasajero; de ahí su interés por entroncarse con los principios clásicos de la gran tradición arquitectónica.

Manuel Galíndez falleció en Bilbao en 1980, a los 87 años.

INTRODUCTION

Architects ignored by modern historiography

It is surprising that the architect Manuel I. Galíndez, despite his impressive work, has fallen into relative obscurity when compared with some of his contemporaries. To date only three works, not all of them widely circulated, have addressed aspects of his architectural output.[1] This is probably due to the same historiographical currents, stemming from the thought of Hegel, that overlooked some of the most successful architects of the 20th century, such as Edwin Lutyens and Jože Plečnik. For many decades architectural historiography has been dominated by historical determinism, a perspective which in many ways still prevails. This determinism has forged a narrative dividing 19th and 20th century architects between the pioneers of "rationalist" architecture who enabled the birth of the Modern Movement and those others who, stubbornly, delayed its development. The latter have been the object of harsh criticism and their architecture ignored, if not despised.

This situation was further exacerbated by the politicization of history and the emergence of a narrative during the 20th century according to which traditional architecture in general, and classical architecture particularly, were associated with authoritarian regimes while democracies gradually adopted the aesthetic of the Modern Movement. While this thesis does not stand up to rigorous historical analysis, it has otherwise helped to entertain many historians with the political sympathies of architects, enabling them to criticise even more fiercely the architects who detracted from Modern orthodoxy. Architecture became the bearer of an ideological or historical meaning while its intrinsic values (formal, compositive, functional, etc.) were put in a second place.

Fortunately, since scholars like the art historian, Ernst Gombrich, and the architectural historian and theoretician, Colin Rowe, started criticising the prevailing determinist approach, other more inclusive interpretations of architectural history have appeared. This new intellectual atmosphere has enabled some of the great architects of the 20th century, who had remained in the shadows, finally to be studied and valued.

INTRODUCCIÓN

Arquitectos ignorados por la historiografia moderna

Sorprende que un arquitecto como Manuel Galíndez, con una obra de calidad, haya caído en un relativo olvido, si se compara con alguno de sus contemporáneos. Hasta la fecha tan sólo tres publicaciones de dispar difusión tratan distintos aspectos de su obra.[1] Eso se debe, seguramente, a la misma corriente historiográfica heredera de Hegel, que empujó a exitosos arquitectos del siglo XX, como Edwin Lutyens o Jože Plečnik, a ser olvidados o denostados. De hecho, durante muchas décadas, la historia de la arquitectura ha estado dominada, y aún lo está en algunos ámbitos, por el determinismo histórico. Este determinismo ha creado un relato que ha dividido a los arquitectos de los siglos XIX y XX, entre aquellos pioneros que facilitaron la génesis del Movimiento Moderno y la arquitectura "racionalista" y aquellos otros que, obcecadamente, como se ha llegado a afirmar, ralentizaron su desarrollo y expansión. Estos últimos, se convirtieron en objeto de feroces críticas y su arquitectura fue condenada al olvido cuando no al desprecio.

Esta situación fue exacerbada por la politización de la historia y la creación de un relato complementario, según el cual las arquitecturas tradicionales en general, y clasicista en particular, fueron, en el siglo XX, las propias de regímenes autoritarios; mientras que las democracias adoptaban paulatinamente la estética del Movimiento Moderno. Esta tesis no se sostiene ante un análisis histórico mínimamente riguroso, y sin embargo, ha servido para mantener entretenido a no pocos estudiosos con las afiliaciones políticas de los arquitectos, y para ahondar en el desprecio de aquellos que se apartaban de la ortodoxia moderna. La arquitectura se convertía en portadora de un significado ideológico o histórico, y sus valores intrínsecos (formales, compositivos, funcionales, etc.) ocupaban un segundo plano.

Por suerte, desde que intelectuales como Ernst Gombrich en el ámbito de la historia del arte, o Colin Rowe desde la teoría de la arquitectura, cuestionaron los planteamientos deterministas de Hegel, han surgido lecturas más inclusivas de la historia de la arquitectura. Ello ha propiciado la aparición de algunos ambientes intelectuales en los que la obra de algunos grandes

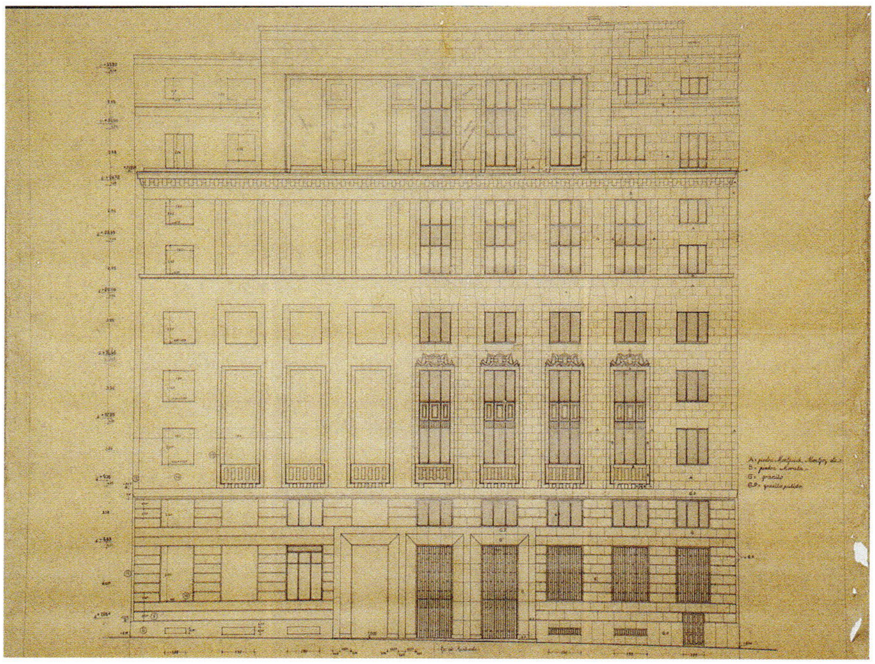

Successive attempts to define the façade
Above: Naviera Aznar
© Archivo Municipal de Bilbao
Below: Hispano Americano Bank. Barcelona
© Archivo Municipal Contemporáneo de Barcelona

Sucesivos intentos de definición de la facahada
Arriba: Naviera Aznar
© Archivo Municipal de Bilbao
Abajo: Banco Hispano Americano. Barcelona
© Archivo Municipal Contemporáneo de Barcelona

The obscurity of Galíndez is a direct consequence of this historical Manichaeism. Galíndez proved throughout his career to be an architect whose buildings were extremely accurate in terms of construction, bold in their structural solutions, rational in their layouts, restrained in their architectural expression, elegant in their composition of masses, and sensitive to their urban environments. However, all this has not been enough to gain him the recognition of many historians or architects, simply because he committed what doctrinarian Modernists deemed to be unforgivable: the formal eclecticism present in his career and the conservatism of his classical office buildings designed after World War II. For this reason, even if they had known of his work, Galíndez would have been omitted from the histories of architecture written by the likes of Pevsner, Giedion and Benevolo. Nonetheless, Galíndez was always aware of the latest technical and aesthetic innovations appearing in central Europe through travel and through international publications, and aspects of them were reflected in some of his works. Perhaps if his career had concluded with his Equitativa building, history would have treated him more kindly. But instead Galíndez continued designing in the classical style.

Following what has been previously stated, we would like to point out that some scholars have highlighted the need to rethink the teaching of architectural history, getting rid of exclusive and doctrinaire prejudices. It is urgent that we tear down prevalent cliches and preconceptions in order to teach architectural students the developments that took place in the 20th century. It is likewise urgent that we learn to describe the architecture best adapted to urbanity, to sustainable development and to a greater economy of means, the type of architecture most respectful to architectural tradition and sympathetic to the specific features of each place (cultural, climatic, economic). In summary, there is a need to move past the idea that an indifferent form of architecture can be planted anywhere, without reference to the characteristics of the place.

Rewriting the history of architecture is still a task to be done, but it is an urgent one, given the imminent changes to how we think about our buildings and cities which approach as a consequence amongst other things, of climate change.

arquitectos del siglo XX ha sido justamente estudiada y puesta en valor.

El caso de Galíndez y su relativo olvido es una consecuencia directa de ese maniqueísmo hegeliano. Galíndez ha demostrado en su dilatada obra haber sido un arquitecto extremadamente preciso en la construcción, atento a los detalles más pequeños, audaz en las soluciones estructurales, racional en la organización del programa, contenido en los recursos expresivos, elegante en la composición de volúmenes y sensible al entorno urbano. Todo ello no ha sido suficiente para ganar el reconocimiento de historiadores y arquitectos, pues pesa más aquello que para los doctrinarios modernos son faltas imperdonables: su eclecticismo formal y el conservadurismo clasicista de sus edificios de oficinas construidos tras la Segunda Guerra Mundial. Ciertamente, ni aunque la hubieran conocido, la obra de Galíndez hubiera sido mencionada en las historias de la arquitectura escritas por Pevsner, Giedion o Benevolo. A pesar de esto, Galíndez sí estuvo al corriente de las innovaciones técnicas y estéticas que se producían en Centroeuropa, que pudo conocer por sus viajes y su adquisición de publicaciones extranjeras y que reflejó en algunas de sus obras. Tal vez si su carrera de arquitecto hubiera terminado con el edificio de La Equitativa, la historia le hubiera tratado de otra manera. Pero él no renunció a seguir empleando el lenguaje clásico.

A la luz de lo expresado hasta este punto, queremos señalar que algunos críticos en el ámbito internacional, vienen reclamando la urgencia de replantear la historia de la arquitectura. Se trata de explicar la historia de la arquitectura lejos de prejuicios exclusivos y excluyentes, lejos de sectarismos. Esto resulta urgente para poder enseñar a los estudiantes de arquitectura, qué ocurrió a lo largo del siglo XX; urgente para desmontar tantos, tantísimos clichés, que ya no se tienen en pie; urgente para poder describir el tipo de arquitectura que resulta más adecuado a la urbanidad; más acorde con un desarrollo sostenible, con una mayor economía de medios. El tipo de arquitectura más respetuoso con la gran tradición arquitectónica, y con los rasgos propios de cada lugar (climáticos, culturales, económicos, etc.). En suma, acabar con la idea de que un determinado edificio sirve para diferentes lugares del planeta, ignorando rasgos fundamentales de ese lugar.

Reescribir la historia de la arquitectura es una tarea pendiente. Y urgente, a la vista de los acuciantes cambios que nos acechan como consecuencia, ente otros factores, por ejemplo del cambio climático.

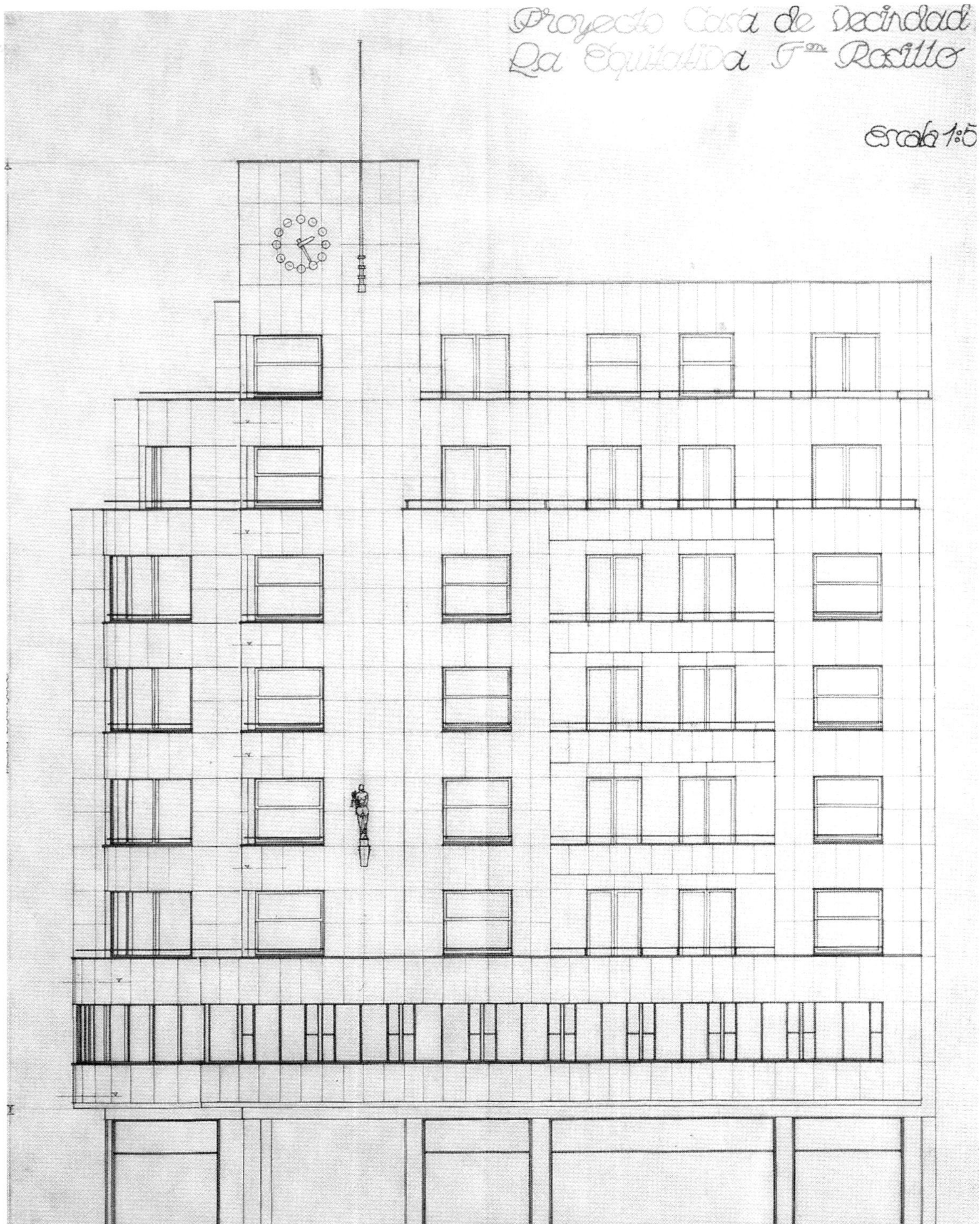

Precise definition of the cladding in this building. La Equitativa
© Archivo Municipal de Bilbao

Precisa definición del aplacado en este edificio. La Equitetiva
© Archivo Municipal de Bilbao

The urgency in adapting the history of recent architecture to teaching at schools.

Looking beyond the exclusivist approach to architectural history, the work of Galíndez stands out for its quality and for all the characteristics previously mentioned. Moreover, as we aim to show with the selection of buildings presented in this book, Galíndez was one of the architects who elevated the formal language of traditional architecture, especially classical architecture, to its highest peak of refinement and sophistication in the 20th century. His architecture, as it will be shown, makes economical use of ornament and exploits masterly the expressive potential of constructive elements (podiums, stringcourses, joints, frames, wall coronations etc.), which are manipulated and articulated through simple geometric resources (recessing of planes, steppings, projection of volumes) and materiality (changes in materials or textures).

This book gathers eight works by Galíndez that show clearly what his concerns were when designing a building. There are three central aspects that can be pointed out here. Firstly the composition of the building, especially its elevations. Secondly, the exquisite precision in the construction of all his works, to an outstanding level. Thirdly, his understanding of architecture as part of an urban ensemble ,in other words, the value given to the place in which his buildings were to be constructed. In the next paragraphs these three aspects of Galíndez's work will be addressed.

La urgencia de adecuar la reciente historia de la arquitectura a la enseñanza en las escuelas

Una vez superada esta lectura excluyente de la historia de la arquitectura, la obra de Galíndez sobresale por su calidad y por demostrar todas las cualidades arriba señaladas. Más aún, como pretendemos mostrar con la selección de edificios presentada en este libro, Galíndez fue uno de los arquitectos que llevó los recursos formales de la arquitectura histórica, especialmente la clásica, a sus cotas más altas de sofisticación y refinamiento en el siglo XX. Su arquitectura, como se verá, usa con economía los recursos ornamentales, y explota magistralmente las potencialidades expresivas de los elementos constructivos (basamentos, hiladas de sillares, juntas, recercados de ventanas, coronaciones de muros...), manipulados y articulados mediante recursos geométricos sencillos (retranqueo de planos, escalonamientos, proyección de volúmenes..) y la materialidad (cambios de materiales y texturas).

En la presente publicación se exponen ocho obras de arquitectura que nos muestran con claridad los intereses de Manuel Galíndez a la hora de proyectar un edificio. Hay tres aspectos que se han de destacar como temas de interés por parte de este arquitecto: el primero se centra en la composición del edificio, y especialmente de las fachadas; el segundo está relacionado con su exquisito cuidado y precisión de la construcción en todas sus obras, hasta límites realmente sobresalientes; y el tercero radica en la conciencia urbana a la hora de construir sus edificios, es decir, en la importancia que concede a la arquitectura como parte de un conjunto urbano, en otras palabras a la valoración del lugar. En los próximos párrafos se irán exponiendo estas preocupaciones omnipresentes en Galíndez.

Clear awareness of the urban role of the building.
The corner windows look out onto neighboring Gran Vía
Hormaeche House

Clara conciencia del papel urbano del edificio.
Las ventanas en esquina miran hacia la vecina Gran Vía
Casa Hormaeche

The question of style in modern architecture

When reconsidering the Modern Movement and the crisis it suffered after World War II, an especially interesting aspect to consider –of the many which could be mentioned– is that of style.

As it had happened in the 18th century, following the Russian Revolution in 1917, avant-garde movements pursued a break with the paradigms that had prevailed until then.

In the fields of architecture and urbanism, it sought to solve social challenges, such as the housing problem and the creation of more hygienic cities. The housing problem had been exacerbating in European cities since the industrial revolution, with the growth of the population leading to overcrowding and a degradation of living conditions. At the end, the very basis of the social and political system was being called into question.

This is why new solutions were sought. The worship of everything new ignores any reference to history. In a simplistic way it was believed that the past had been the cause of all the present problems.

Only rural and vernacular architecture, especially that of the Mediterranean, was deemed acceptable as reference material for a world which had to be governed by rationality, economy of means and simplicity. This rationality, economy of means and simplicity of vernacular architecture of every culture are the result of an empirical refinement process over centuries.

Another aspect of the Modern style was that greater value was given to the plan layout of buildings than to their elevations. New materials such as reinforced concrete and glass allowed new possibilities for designing open plans and for the use of light.

The desire to suppress any element that could seem superfluous (either constructive elements such as roof eaves or hipped roofs, or ornaments such as mouldings, imposts, etc.) led to a formal and volumetric simplification, in which the use of colour –or lack thereof– was also employed to help manifest the supposedly pure, new world.

La cuestion del estilo en la arquitectura moderna

De entre los muchos aspectos que cabría abordar a la hora de revisar, desde la óptica actual, el Movimiento Moderno, para referirnos a la crisis que experimenta a partir de la posguerra, hay uno que nos interesa en particular, y es la cuestión del estilo.

Al igual que sucediera en el siglo XVIII, lo que los movimientos de vanguardia plantearon, digamos convencionalmente desde los últimos años veinte. era una ruptura con las maneras de entender el mundo que prevalecen hasta entonces.

En el campo de la arquitectura y el urbanismo, se buscaba la resolución de los problemas sociales, como es el de la residencia fundamentalmente y el logro de ciudades más higiénicas. El problema de la vivienda es realmente acuciante desde el advenimiento de la industrialización a las diversas ciudades de Europa. Con el crecimiento poblacional vino la congestión de las ciudades y la degradación de la manera de vivir. En el fondo, es la misma estructuración política la que se pone en entredicho.

Por esto, se buscaron soluciones nuevas. El culto a lo nuevo quiere caminar sin referentes a la historia precedente; de modo simplista, se consideró que lo precedente era causante de todos los males.

Tan sólo la mirada a la arquitectura rural y vernácula, del Mediterráneo especialmente, era aceptada como pauta segura de un mundo donde deben reinar la racionalidad, la economía de medios y la sencillez. Esta racionalidad, esta economía de medios y esta sencillez, que aparecen unidas a la arquitectura vernácula de cualquier cultura, son el resultado de una decantación empírica de siglos.

Por otra parte, el valor concedido a la planta de los edificios, dejaba en segundo lugar la respuesta en fachada de los mismos. Los nuevos materiales, como el hormigón o el vidrio brindaron nuevas posibilidades para la configuración más libre de esas plantas y el tratamiento de la luz.

El deseo de suprimir cualquier elemento que pudiera parecer gratuito (bien fueran elementos constructivos como los aleros, o las cubiertas inclinadas por ejemplo, o bien fueran ornamentales como las molduras, impostas, etc.) condujo a una simplificación formal y volumétrica, en la que el uso del color, o su supresión, ayudaba, aún más, a la concreción, o mejor, a la representación, de ese mundo "supuestamente" más puro y más nuevo.

Housing at Arrikibar plaza

Viviendas en plaza Arrikibar

It is not surprising that in 1932, the exhibition catalogue of the *International Style* in the MoMa of New York, reduced the criteria for making architecture to following three principles: prioritizing the construction of volume over mass, avoiding symmetry and avoiding ornamentation. This reductionism, apart from being extraordinarily simplistic, shows a totally sectarian stance.

As we can see, the *International Style* was concerned mainly with the presentation of an international architecture, a formal matter. After all, as its name evidenced, it was mostly about style.

No puede sorprendernos, que en 1932, en el catálogo que acompaña a la exposición del International Style *del MoMA de Nueva York, se redujeran los modos de hacer arquitectura al seguimiento de tres principios: recurrir en la construcción al volumen en vez de a la masa; edificios con ausencia de simetría; y con ausencia de ornamento. Tal reduccionismo, además de suponer una extraordinaria simpleza, daba muestra de una posición absolutamente sectaria.*

Como puede verse, el International Style *hablaba fundamentalmente de representación; de presentar y representar una arquitectura internacional; de un mero aspecto. En definitiva, como su nombre indicaba, hablaba de un estilo.*

The city in modern architecture from the 1930s onwards

In the urban setting, the separation of residential, work, leisure and transportation activities led to solutions that favoured the segregation of uses over their mixture, over the *collage*, as it had happened traditionally. All the urban planners published and promoted by modernist historiography defended this segregation. They advocated, for example, the concentration of collective housing in blocks, or slabs. These housing blocks would be scattered apart in an open and supposedly green area. This, they argued, should be done for hygienic reasons. There were to be no streets, squares, or avenues or indeed any of the urban elements of traditional cities, the cities that had been built for thousands of years. Now, they argued, was time to build the city in the park, which, as Colin Rowe sharply pointed out in his book *Collage City*, became the 'city in the parking lot'.[2] It was the dream of modern urban planners to create large open spaces in which they could plant their tasteless and alienating housing blocks.

What Le Corbusier called *jardins anglais*, the open green spaces, were never truly English gardens, as they required large amounts of money to be spent on their maintenance. Instead, these spaces quickly became abandoned and degraded. An example of this are the French *banlieus*, which were in many cases –as in the riots of 2005– burned by their own inhabitants, tired of living in such ghettos.

A paradigmatic example of the obsession to "plant" housing blocks scattered in the allegedly green space is the policy followed by the German architect Hans Scharoun. He was the *Stadtbaurat* (official) responsible for Berlin´s urban plan after World War II. Scharoun saw in the city's destruction from bombing the opportunity to build the Berlin of the future.

It would be, according to him, a city in a park, that is, built on a large and empty space. In order to achieve this, hundreds of houses that could have been repaired or reconstructed were pulled down. At the same time, under Scharoun, apartment building owners were offered subsidies to get rid of the ornaments of their facades, until they were totally unornamented. Imposts, frames, mouldings, cornices and any other ornamental element, however small, had to be

La ciudad en la arquitectura moderna desde los años 30 del siglo XX

En la escala urbana, la separación de las funciones de residencia, trabajo, esparcimiento o transporte, planteaba soluciones diversas en las que prima la clara diferenciación de los usos sobre la mezcla de los mismos, sobre el collage, *como había venido ocurriendo. Todos los urbanistas que fueron publicados por la historiografía moderna, defendieron la separación de funciones en la ciudad. Proponían en el caso de la edificación de viviendas plurifamiliares, la construcción de bloques, o* slabs. *Bloques de viviendas, con edificios perfectamente aislados unos de otros; colocados en medio de superficies abiertas, supuestamente verdes; esto, argumentaban, se debía de hacer por razones de higiene. No había calles, ni plazas, ni avenidas, ni ninguno de los elementos urbanos de la ciudad de siempre; es decir, de la ciudad tal como se había construido desde hacía varios miles de años. Ahora, se argumentaba, debía de hacerse "la ciudad en el parque", que como agudamente señalaba Colin Rowe en su libro* Collage City, *era en realidad "la ciudad en el parking".*[2] *Constituía un verdadero sueño para los urbanistas modernos, poder generar amplios espacios vacíos donde "plantar" anodinos y enajenantes bloques de viviendas.*

Los espacios vacíos, o supuestamente verdes, o jardins anglais *como los denominaba Le Corbusier, nunca fueron tales jardines ingleses; porque se necesitaba dinero, mucho dinero para un adecuado mantenimiento. Esos espacios vacíos se convirtieron, en muy poco tiempo, en espacios abandonados y degradados. Ahí tenemos, como ejemplo, los barrios de las* banlieus *de Francia, que fueron en muchos casos incendiados por sus mismos moradores, hartos de vivir recluidos en verdaderos guetos. Como prueba, ahí están los graves disturbios del 2005.*

Tenemos un ejemplo paradigmático, por lo revelador, de la obsesión con el plantado de bloques en medio del "supuesto" espacio verde: es el caso de la política del arquitecto alemán Hans Scharoun. Fue el Stadtbaurat *o responsable de la planificación de Berlín acabada la Segunda Guerra Mundial. Scharoun vió en el Berlín arruinado por los bombardeos, la posibilidad de construir el Berlín del futuro.*

Sería, según él, una ciudad sobre un parque, es decir, sobre amplias superficies vacías. Para ello se derribaron cientos de casas, que eran susceptibles de ser reparadas o reconstruidas. Por otra parte, con Scharoun, se subvencionaban a las casas de pisos para que suprimieran todo tipo de ornamento de sus fachadas, hasta que éstas quedaran absolutamente planas. Impostas, recercados, molduras,

totally erased. Today in Berlin there are still adjoining houses one of which preserves its traditional ornaments while the other one is totally stripped of them. The contrast is impressive, but in impoverished post-war Berlin people would take any money they could get from the authorities. On the other hand, the authorities did not enforce the traditional building lines of the streets, so that the facades of new buildings built on the freed-up lots were now of a zigzagging profile.

Many such examples show the planners' loathing for the pre-existing city. Beyond Berlin, almost all of the European cities destroyed, partly destroyed or damaged, have many examples of how not to carry out urban renewal. However, these principles were an obligatory dogma of modern urban planning if one wanted to be accepted by the professional establishment.

Léon Krier has expressed several times that the damage caused by post-war architecture has been much worse than that caused by the wartime bombings. This is quite shocking.

It is not necessary to delve further into the erroneous nature of the "city in the park", nor into modern urban planning more generally. With respect to Manuel Galíndez all we need say is that he never adopted these principles.

cornisas y cualquier tipo de ornamento, por tenue que fuera, debía de ser borrado; absolutamente borrado. Todavía se pueden ver en Berlín casas contiguas, en las que una de ellas conserva los elementos ornamentales, y su adyacente está radicalmente despojada de cualquier ornamento. El contraste es sencillamente brutal. Pero en el Berlín empobrecido de la posguerra los vecinos se agarraban a cualquier subvención de las autoridades. Por otra parte se dieron permisos para quebrantar las alineaciones de los edificios con la calle; de modo que las fachadas a la calle de los nuevos edificios, construidos sobre los solares que habían quedado libres, presentaban la alineación de sus fachadas en zigzag.

Son muchos los ejemplos que evidencian un verdadero odio a la ciudad preexistente. No sólo Berlín, sino casi la totalidad de las ciudades europeas destruidas, semi-destruidas o dañadas por la guerra nos suministran cuantiosos ejemplos de cómo no se debieron hacer las cosas. Pero el dogma moderno obligaba, si se quería estar aceptado por el establishment *profesional.*

Léon Krier ha comentado muchas veces que el daño infringido por la arquitectura de posguerra a la ciudad de Berlín es muy superior al que hicieran los bombardeos de la guerra. Y esto es realmente estremecedor.

No creemos necesario insistir más en la equivocada y nefasta noción de la "ciudad en el parque" y en general del urbanismo moderno. Para lo que a nosotros concierne en relación a la figura de Manuel Galíndez, podemos afirmar que nunca se sumó a estos postulados.

Naïve Functionalism

The search for modernity was accompanied by new formal solutions based on the free plan, flat surfaces for the elevations with horizontal openings (the argument being that they allowed natural lighting along the entire wall), flat roofs, and light colours for the elevations. This was the origin, with some variations, of the a style referred to as the International Style.

Notwithstanding the simplification caused by reducing architecture to a question of style, there are also the contributions of a few generations of architects who produced a vast body of typological and formal research in the fields of architecture and city planning. Rationality does not belong to a specific generation or movement, it can be seen, for example, in the place-specific solutions of vernacular architecture. But the example of vernacular architecture was used by the Modern Movement to fight what were considered to be deviations from taste, or of bad taste.

Rationality in architecture was understood as the need to get rid of all ornament considered unnecessary. It meant to reduce what was considered necessary to mere function, adopting a very impoverished understanding of how people live. The reduction to function led to the search for an architectural language that could express this interest, namely a language that, as it was thought, should be stripped of any ornament that could seem superficial.

The reduction of architecture to the mere functional laying out of a program has been referred to as "naïve functionalism". Obviously in an architectural project things need to function!, but this is an assumed pre-condition, not the essence of a project.

It must also be considered that within the subject of function there have been different hierarchies different historical periods. For example, in the Renaissance palaces of the Cinquecento the function of representation was considered more important than comfort or the functionality of the layout. At the end of the 18th century, comfort and distribution were more valued than the function of representation in dwellings. There are many other such examples that are widely known.

El Funcionalismo ingenuo

Toda esta operación en busca de una modernidad es acompañada por soluciones formales nuevas, basadas como antes decíamos, en la planta libre, las superficies planas de fachada, con huecos de ventana horizontales (con el argumento de que permiten la entrada de luz a lo largo de toda la pared) cubiertas planas, utilización de colores claros en las fachadas, etc. Así nace, aunque con respuestas variadas, un estilo que se ha venido llamando el Estilo Internacional.

Más allá de la simplificación que siempre supone la reducción de las arquitecturas a estilos, quedan las aportaciones de varias generaciones de arquitectos en la vasta experimentación tipológica y formal en el campo de la arquitectura y la ciudad. La racionalidad no es un patrimonio de una generación o un movimiento concreto. Y ahí está el ejemplo de las arquitecturas vernáculas, auténticos reductos de racionalidad. Pero ésta se ha reclamado para combatir lo que se consideraba, en un momento dado, como desviaciones del gusto, o del mal gusto.

La racionalidad en algunos momentos históricos equivalía a despojarse de cualquier aditamento, por innecesario. Equivalía a reducir lo necesario al estricto desempeño de la función, con una visión un tanto maquinista de la existencia. Esta reducción a la función, conduce a la necesidad de buscar un lenguaje capaz de expresar esos intereses. Un lenguaje, se creía, que asimismo debía despojarse de cualquier aditamento que pudiera parecer superfluo.

Esta actitud de reducir la arquitectura a la mera organización de un programa, para que las cosas puedan funcionar, es lo que se ha venido denominando como "funcionalismo ingenuo". ¡Claro que en un proyecto las cosas deben funcionar!. Esto es una perogrullada. Es algo previo a la realización del proyecto, no es la esencia del proyecto.

Pero además se ha de tener en cuenta que dentro de la función han existido diversas jerarquías, según los momentos culturales de la Historia. Así, en un momento dado, por citar un ejemplo, los palacios renacentistas del 500 conceden mayor importancia a la función de representación que a la función de distribución o comodidad. A finales del siglo XVIII se valora ya mucho más la comodidad y la distribución que la función de representación en la habitación humana. Y cabría extenderse con diversos ejemplos de todos conocidos.

Basterra House in Neguri
The house to its back is also by Galíndez (Parajes sisters house) and , to its right also by Galíndez, his own house

Casa Basterra en Neguri
La casa del fondo a la izquierda es también de Galíndez (Casa hermanas Parajes) e inmediatamente a su derecha, su propia casa

The same can be said of urban design in different historical periods. The rationality present in vernacular architecture is the result of a centuries long evolution. The quality of construction was achieved by using the best elements, means and materials available at each given moment, and as time went on these were superseded by others if they proved to be better.

Advocacy for good construction usually appears when the function of representation in architecture decays, that is when comfort and plan distribution become the main functions.

Materials contributed to the searches for new solutions and to the substitution of older techniques and materials. This was part of the mindset of the generations of architects that worked in Europe from the beginning to the middle of the 20th century, just as it was for their forebears when they adopted steel as a new construction material in the 19th century.

En el ámbito urbano podemos afirmar otro tanto, al referirnos a diversos momentos de la Historia. La racionalidad que reina en las arquitecturas vernáculas encuentra en la calidad de la construcción el resultado de una búsqueda centenaria. Calidad en la construcción lograda en base a los mejores elementos y medios disponibles en cada momento. De tal manera que a lo largo del tiempo se producen las sustituciones necesarias si demuestran ser mejores.

Recordemos que el reclamo a la buena construcción es una constante en aquellos momentos en que la función de representación de los edificios decae, es decir, cuando se reclama como la función prioritaria, la distribución o la comodidad de las casas.

Los nuevos materiales suponían un aporte importante no sólo en la búsqueda de nuevas soluciones, sino en la sustitución de viejas técnicas y de otros materiales. Esto estaba en la mente de las generaciones de arquitectos que trabajan en Europa desde comienzos del siglo XX hasta los años cincuenta de ese siglo. Del mismo modo que había ocurrido con la aparición del hierro en el siglo XIX.

General features of the architecture of Manuel Galíndez

The foregoing discussion must be taken into account when addressing the architecture of Manuel Galíndez. His buildings are clearly designed with attention to the place in which they are located and to the function of representation in the urban context. They are also built with extraordinary quality.

Galíndez designed a considerable number of buildings. Among his 1920s projects a few stand out in particular: a housing block in Abascal Street, Madrid, the housing block in the Plaza Arrikibar, Bilbao, and a few detached houses in the outskirts of Bilbao. The composition of these single-family houses followed vernacular architecture, and belong, specifically, to a trend shared by several architects who based their designs in the timeless elements of Basque rural architecture. The houses in Neguri by Galíndez are a good example of this, with their pitched roofs and deep projecting eaves, small added volumes, traditional windows, solid joinery and elevations in which the dark colour of the timber frame and joinery contrasted with the light background. The sobriety of the elements used makes these houses extraordinarily beautiful.

In the early 1930s, beginning with the construction of the Bank of Vizcaya in Madrid, Galíndez started a series of urban buildings which mark a turn towards greater monumentality. Up to that point, Galíndez had adopted Basque and English influences for his detached houses and historicist styles for the few urban blocks he had designed. With these urban buildings Galíndez started to cultivate a sober monumentality, based on classical architecture, which was in line with contemporary works by other European architects. In this book we will address some of these buildings by Galíndez. All of the ones we will address are located in Bilbao, except for the Bank of Vizcaya in Madrid and the Hispano American Bank in Barcelona.

The cases selected for this book are placed differently within their urban blocks, which conditioned the respective composition of each building.

In the buildings selected for this publication, some lie between party walls within existing blocks, such as the Bank

Rasgos generales en la arquitectura de Manuel Galíndez

Para el caso que ahora nos ocupa, como es la arquitectura de Manuel Galíndez, es preciso tener presentes estas consideraciones. Sus edificios tienen una clara conciencia del lugar en que se implantan, del valor que la función de representación tiene a escala urbana, y están además construidos con extraordinaria calidad.

Galíndez construyó un notable número de edificios. En la década de los 20 destacan un par de casas en la calle Abascal de Madrid, el edificio de viviendas de la plaza Arrikibar de Bilbao, y varias viviendas unifamiliares en los alrededores de Bilbao. Estas viviendas unifamiliares están realizadas siguiendo pautas compositivas próximas a la arquitectura vernácula, dentro de la corriente de edificios que ponen en valor los invariantes de la arquitectura rural vasca, y que tan en boga se presentan en esos años en la práctica profesional de diversos arquitectos. Las casas en Neguri de Galíndez son una buena muestra de ello, con sus cubiertas a dos aguas de grandes aleros, pequeños volúmenes adosados, fenestraciones tradicionales, carpinterías sólidas, tratamiento de fachadas en color claro que contrasta con el oscuro de las carpinterías. Son casas de extraordinaria belleza por la parquedad de elementos utilizados.

A comienzos de los años 30 Galíndez inicia, con la construcción del Banco de Vizcaya en Madrid, la serie de grandes edificios en contextos urbanos relevantes, en los que dará una respuesta más monumental a su intervención en la ciudad. Hablaremos en este libro de algunos edificios de Galíndez, todos ellos, a excepción del mencionado Banco de Vizcaya de Madrid y del Banco Hispano Americano de Barcelona, se encuentran en Bilbao. Los casos que expondremos varían en su ubicación dentro de las manzanas, lo que, lógicamente condicionará el planteamiento compositivo de los diversos edificios.

En los edificios que se presentan en esta publicación, los hay entre medianeras, como son el Banco de Vizcaya de Madrid y el Banco Hispano Americano de Barcelona.

Otros edificios están en un cruce de calles, y tienen una esquina, como el edificio de La Equitativa, en Alameda Mazarredo y Colón de Larreategui, con uno de los lados del solar, el de la Alameda de Mazarredo, mirando a la plaza de los Jardines de Albia.

Otros edificios presentan dos "esquinas" como la Casa de Domingo Hormaeche en la esquina de Alameda de Urquijo y Padre

Considerations of façades on a classical pattern
Hispano Americano Bank. Barcelona
© Colegio Oficial de Arquitectos Vasco-Navarro

Tnteos de fachada sobre una matriz clásica
Banco Hispano Americano. Barcelona
© Colegio Oficial de Arquitectos Vasco-Navarro

of Vizcaya in Madrid and the Hispano American Bank in Barcelona.

Others are at a crossroad or have a corner, such as La Equitativa, between Alameda Mazarredo and Colón de Larreategui Streets, with one of the sides, that of Alameda Mazarredo, facing the Plaza of Jardines de Albia.

Other buildings have two corners, such as Domingo Hormarche House on the corner of Alameda de Urquijo and Padre Lojendio in Bilbao, which has another corner in the space that separates it from the adjoining Jesuit church.

Others have the façace facing a Plaza and other sides to the streets that lead to that plaza, such as the housing block in Plaza Arrikibar, mentioned above but which has not been included in this book, or the building for La Aurora in the Plaza Elíptica, both in Bilbao.

There are also buildings facing three streets of different urban relevance in the city, such as the Hispano American Bank, in Gran Via. The same happens at Bailén Tower with one of its three elevations facing a street, another an open space and the other one the river. The building for La Aurora is a similar case as it has its elevation facing the Plaza Elíptica and its side elevations facing Gran Vía and Ercilla streets. Finally, we also find buildings that occupy the entire block, such as the office building for the Naviera Aznar, by the river in Bilbao.

Regarding the uses, the buildings discussed are either office buildings (Bank of Vizcaya, Hispano American Banks in Barcelona and Bilbao, Bailén Tower and Naviera Aznar) or of mixed uses (Hormaeche House, La Aurora and La Equitativa). This mixed use was very common in the expansion of Bilbao and in that of other Spanish cities, by which the centre of the city was relocated to these new developments occupied by housing, commerce and services.

Let us look in detail at some of the features of Galíndez's architecture, beyond what we have said thus far about his interest in the urban context, in the composition of the elevations and the exceptional perfection precision in construction. We will also point out several other aspects.

Lojendio de Bilbao, que presenta "otra esquina" en el espacio de separación que queda con la contigua iglesia de la Residencia de los Jesuitas.

Edificios con una fachada a una plaza y dos calles que desembocan en la misma, como son los casos de la Casa de la Plaza de Arrikibar antes citada (que no se analiza en esta publicación) o el edificio de La Aurora en la Plaza Elíptica, ambos en Bilbao.

Edificios en solares a tres calles de diferente jerarquía en la trama del ensanche, como es el caso del Banco Hispano-Americano, en la Gran Vía bilbaína. Lo mismo ocurre con la Torre Bailén con tres fachadas, a una calle, a un gran espacio frente a su entrada y a la ría. E igualmente con el edificio de Seguros Aurora, con una fachada frontal a la Plaza Elíptica, y laterales a la Gran Vía y a la calle Ercilla. Finalmente edificios que ocupan toda una manzana, como el edificio de oficinas para la Compañía Naviera Aznar, en Bilbao, a orillas de la ría.

En cuanto al programa, los edificios mencionados son de viviendas (Plaza Arrikibar), de oficinas (Bancos de Vizcaya y los bancos Hispano-Americano de Bilbao, y de Barcelona, Torre Bailén, Naviera Aznar) y mixtos de oficinas y viviendas (Casa Hormaeche, la Aurora, y La Equitativa). Este tipo de uso mixto era bastante común en el ensanche bilbaíno, al igual que en otras ciudades españolas, en las que al haberse desplazado el centro de la ciudad hacia el ensanche, éste fue ocupado por viviendas y por actividades mercantiles y terciarias.

Pero veamos con un cierto detenimiento algunos rasgos de la arquitectura de Manuel Galíndez. Además de lo dicho hasta aquí con reiteración, en cuanto a su constante interés por la respuesta a la ciudad, por la composición de las fachadas, y por la excepcional perfección de la construcción. Señalaremos algunas otras cuestiones.

Respecto a su conciencia urbana Galíndez afirma:

> Estimamos debe ser punto fundamental de partida al comenzar a concebir el proyecto de un edificio, el considerarlo como un elemento del gran conjunto que es la ciudad.

Galíndez, a mediados de los años 50, casi cumplida la parte más intensa de su carrera profesional, manifiesta sin ambages

The interest od Galíndez for the effects of the chiaroscuro reveals his passion for Mannerist architecture. It is clearly expressed in his building of Paseo de Gracia in Barcelona. The balusters and top decoration have been removed in the last refurbishment.

El interés de Galíndez por los efectos del claroscuro revela su pasión por el Manierismo. Esto se expresa claramente en su edificio del Paseo de Gracia en Barcelona. Los balaustres y decoración superior han sido eliminados en la última reforma.

Regarding his awareness of the urban context Galíndez wrote:

> *We consider it to be the fundamental starting point at the initial stages of an architectural project, to understand the building as an element which belongs to the greater whole that is the city.*

Later, in the mid 1950s, towards the end of his professional career, Galíndez expressed unambiguously his predilection for the 'great classical language', as he stated:

> *This preference is shared nowadays by many in world architecture, especially in the nations that have a great history like ours, and one of its most common manifestations is to follow the classical language in the layout, simplifying and modernizing its essential elements, so as to combine this great history with the modernity of our art.*

Galíndez proposed to advance, in the sense of 'simplifying and modernizing', the essential elements of the classical tra-

su predilección por las "grandes directrices clásicas" cuando afirma:

> Esta orientación es compartida hoy igualmente en gran parte de la arquitectura mundial, singularmente en los pueblos de gran historia como el nuestro, y una de sus manifestaciones más frecuentes se basa en seguir las grandes directrices clásicas en su disposición y preparación, estilizando y modernizando los elementos fundamentales, persiguiendo aunar la gran historia con la actualidad de nuestro arte.

Galíndez, propone avanzar, en el sentido de "estilizar y modernizar" los elementos fundamentales de la tradición clásica. Y esto es lo que realmente llevó a cabo en todas las obras que aquí se presentan, y se analizan con extremado detalle. Galíndez prosigue afirmando:

> Procurando seguir este camino *(se refiere a la cita anterior)*, adoptamos las proporciones renacentistas, con zócalo, orden monumental y logia. Que sin pérdida de monumen-

dition. And this is what he achieved in all the works presented and analysed in this volume. Galíndez carried on:

> *Intending to follow this path* (referring to the previous quote), *we adopt the renaissance proportions of podium, monumental order and loggia. That without losing monumentality allows smaller modules than what would correspond to a strictly classical colossal order… to highlight a monumental order which is emphasized as much as possible by means of strong chiaroscuros with which to erase the monotonous and inexpressive grid formed by the pillars and floor slabs that result from a uniform cellular interior layout, in which no grand element is expressed on the outside.*

These words are an excerpt from Galíndez's narrative for the project for the Hispano American Bank in the Paseo de Gracia, Barcelona, a work of his last period where he made use of a loggia as referred to above. However, the passage is interesting as it confirms what we can learn from a careful observation of Galíndez's work.

Reading it in detail we can draw the following conclusions:

First: his interest in Renaissance.
In our opinion, Galíndez seems to have been more influenced by 16th century High Renaissance, or Mannerism, than the fifteenth century Renaissance. Galindez was more interested in the contributions of Mannerism, its inventive and experimental designs.", from Bramante's Roman period (High Renaissance) and his disciples and contemporaries: Baldassare Peruzzi, Rafael Sanzio, Sebastiano Serlio, Michelangelo, Jacopo Sansovino, etc. (Mannerism) up to the birth of the Baroque.

Many are the details inspired by Mannerism in his work: rustication, pilaster bundles, subtle layering of walls, classical orders lacking some elements (like echinus or abacus), keenness for chiaroscuro, broken pediments, ornamental motifs isolated from any context, etc. We will return to these Mannerist features when we analyse each building.

Second: The importance of chiaroscuro.
This is perhaps the feature of Galíndez's architecture that reveal more than any other his fondness for 16th century Renaissance Mannerism. This interest in chiaroscuro is

> talidad nos da módulos de menor tamaño que los que corresponderían a un orden gigante netamente clásico… acusar un orden monumental exaltado al máximo con los mayores claro-oscuros que procuran borrar la monótona e inexpresiva cuadrícula formada por pilares y pisos que corresponden a una ordenación interior celular uniforme, ya que ningún gran elemento funcional asoma a su exterior.

Estos comentarios están extraídos de la memoria de una obra de madurez como es el Banco Hispano Americano del Paseo de Gracia de Barcelona; por eso hace una referencia a la inclusión de una logia. Sin embargo para los fines del presente libro estas afirmaciones son muy interesantes porque vienen a confirmar lo que una cuidadosa observación de la obra de Galíndez desvela con absoluta claridad.

Detallando, por partes, lo que se deduce del último comentario nos permite afirmar los siguientes puntos:

El primero: su interés por el Renacimiento.
En nuestra opinión consideramos que, en realidad, está más centrado en el Alto Renacimiento, que en el Primer Renacimiento; es decir, más centrado en el Renacimiento del siglo XVI (es decir el Manierismo) que en el del siglo XV. A Galíndez le interesan más bien las aportaciones del Manierismo, por lo que suponen de "invenciones" y "experimentos", desde el Bramante romano (Alto Renacimiento) y todos sus discípulos y coetáneos: Baldassare Peruzzi, Rafael Sanzio, Sebastiano Serlio, Miguel Angel, Jacopo Sansovino, etc. (Manierismo), hasta el advenimiento del Barroco.

Son muchos los detalles de extracción manierista: rusticados, haces de pilastras, estratificación sutil de muros, órdenes clásicos carentes de algunos elementos (como equinos o ábacos), regusto en los contrastes de claroscuro, frontones rotos, motivos ornamentales aislados de cualquier contexto, etc. A estos rasgos manieristas hacemos alusión cuando se analizan cada uno de los edificios.

El segundo: la importancia concedida al claroscuro.
Es quizás el rasgo que denota su visión más afecta al Manierismo o Renacimiento del siglo XVI que cualquier otra cosa. Este interés por el claroscuro es muy manifiesto en el Banco Hispano Americano del Paseo de Gracia de Barcelona, la última (en

Hispano Americano bank
Barcelona
© Colegio Oficial de Arquitectos
Vasco-Navarro

Banco Hispoano Americano
Barcelona
© Colegio Oficial de Arquitectos
Vasco-Navarro

very evident in the Hispano American Bank of Barcelona, the last of his works, chronologically, that we analyse in this volume.

Third: The importance given to the design of elevations. The floor plan of many office buildings was simply a 'monotonous and inexpressive grid formed by the pillars and floor slabs that result from a uniform cellular interior layout, in which no grand element is expressed on the outside.' Galíndez designed his office floor plans in a totally rational and organised way, but did little more beyond that, as he quickly turned his attention to the elevations.

Fourth: from the previous paragraph it can be understood that, for Galíndez, the functionality and the adequate layout

términos cronológicos) de las obras que analizamos en esta publicación. El claroscuro manierista es el preludio del barroco del siglo XVII. Miguel Angel es, entre otras muchas habilidades, un maestro del claroscuro.

El tercero: la importancia concedida al tratamiento de la fachada. La planta, según Galíndez, una "monótona e inexpresiva cuadrícula formada por pilares y pisos que corresponden a una ordenación interior celular uniforme", no presenta "ningún gran elemento funcional (que) asoma a su exterior". Galíndez resuelve las plantas de un modo absolutamente racional y ordenado. Y punto; ya que acto seguido se centra en la o, las fachadas.

El cuarto: del párrafo anterior puede deducirse que, para Galíndez, el desempeño de la función, como distribución adecuada de la

of the plan, was an inherent prerequisite to every project, and independent from the creative and, after all, architectural, treatment of the building.

In other words his stance towards functionalism was totally different from that of naïve functionalism, as described previously, which regarded this step of formulating a functional plan as the ultimate goal of architecture, as it has been previously explained.

In analysing each building we draw attention to how Galíndez makes the most of the available floor area. This is common for architects, but in the case of Galíndez it becomes particularly evident in his placing of an attic storey over the cornice line, sometimes even two attic storeys, which make the buildings look quite heavy. It must be taken into account that the cornice lines usually represent the height specified for the buildings of a given street by the urban regulations.

We also want to point out that in his determination to make the most of the floor area, Galíndez located the staircase of his buildings close to the centre of the plan. This resulted in a long promenade from the entrance of the building to the staircase. This promenade is masterly divided into a sequence of interesting spaces.

Finally, in some of his buildings in Bilbao, Galíndez avoided the planning regulation requiring 5-metre chamfered corners in the areas of the 19th century city expansion. This can be seen in the Naviera Aznar (1943) and in the Ledesma corner of the Hispano American Bank (1945) Galíndez. In the La Equitativa building (1934) Galíndez does follow the regulations although his placement of a "tower" in the corner suggests another departure from them.

Nowadays the real estate speculation that affect cities and the lack of sensitivity of both professionals and policy makers endanger their architectural heritage. Some of Galíndez's buildings and even the urban context in which they are found have been disfigured by interventions during the last few decades, even as this book was being written. Therefore, it was deemed timely and even urgent to publish his best urban works, so that many can know these outstanding examples of interventions in the city.

planta, y como organización propia de cualquier proyecto, es algo inherente al proyecto.

Es algo previo e independiente del tratamiento propiamente creativo y proyectual, arquitectónico en suma. En otras palabras, una visión del funcionalismo que nada tiene que ver con el denominado "funcionalismo ingenuo". Éste, veía en ese paso previo, el fin mismo del proyecto de arquitectura, tal y como se ha comentado anteriormente.

Nos interesa señalar, y lo hacemos también en los comentarios a los edificios, cómo Galíndez aprovecha al máximo la edificabilidad asignada a cada edificio. Esto es lo habitual en todos los arquitectos; pero en Galíndez se hace más evidente al colocar sobre las líneas del cornisamento, pisos áticos, e incuso, a veces, pisos sobreáticos, que dan al edificio, a la volumetría del edificio, una notable pesantez. Se ha de tener presente que la línea de cornisa suele marcar la altura tolerada por la ordenanza, como máxima alineación con el cielo para los edificios de una determinada calle; es decir la línea de cornisa viene fijada a una determinada altura por ordenanza.
También queremos señalar que la citada voluntad de un máximo aprovechamiento de las plantas, hace que Galíndez coloque el núcleo de escaleras en una posición muy central en el solar. Y esto produce un largo tránsito desde el portal de acceso hasta dicho núcleo. Tránsito que Galíndez realza magistralmente con una secuencia de interesantes espacios.

Por último, Galíndez sortea, en varias de sus obras en Bilbao, la obligatoriedad de las ordenanzas de dejar un chaflán de cinco metros en todas las esquinas del ensanche. En el edificio de Naviera Aznar (1943) y en la esquina con Ledesma del Banco Hispano Americano de la Gran Vía (1945) Galíndez no respeta la obligatoriedad del chaflán. En el edificio de la Equitativa (1934) Galíndez respeta la ordenanza, aunque al marcar la esquina con una "torre" parece sugerir que no se ha respetado.

Las tensiones especulativas a las que está sometida la ciudad en nuestros tiempos, y la falta de sensibilidad hacia la ciudad tradicional por parte de gobernantes y profesionales, ponen en peligro su patrimonio arquitectónico. Algunos edificios de Galíndez y aún los ensanches urbanos en los que se asientan han sido desfigurados con intervenciones de las últimas décadas, incluso mientras se escribe este libro. Por ello se ha considerado conveniente, incluso urgente, recoger y difundir sus mejores obras urbanas, con el fin de

The building for the Aznar Shipping Company does not have chamfers. Galíndez considered that the access façade, in order to be composed in a classical way, could not have chamfers or rounded corners at its lateral ends

El edificio para la Naviera Aznar no tiene chaflanes. Galíndez consideró que la fachada de acceso, a fin de estar compuesta de una manera clásica, no podía tener chaflanes o esquinas redondeadas en sus extremos laterales

This volume does not pretend to be a thorough catalogue of Galíndez's work nor a detailed record of his life and aesthetic ideas. This has already been admirably done by J.M. Susperregui (2000). On the other hand, a critical analysis of his design method and constructive quality was done by Javier Cenicacelaya in 1991. Rather, here we analyse in depth those of his urban buildings which we consider to be of the best quality and most sensitive to their context, each having a refined language and a neat, bold composition. These are, in our opinion, Galindez's principal contribution to architectural history.

All the buildings selected for this volume were built in pre-existing urban areas in which they were inserted with elegance and respect, without eccentricities. They are all subordinate to the surrounding urban fabric and they show an acknowledgement of being part of a greater whole. These features are independent from the style chosen by the architect, although we have selected those of his mature period which have a more distilled architectural language. Occasionally, the buildings are avant-garde for the design trends of their time (La Aurora, Hormaeche, Equitativa) and elsewhere they are more prudent and traditional in appearance (Hispano American banks in Bilbao and Barcelona).

We won't insist any further. Now it is time to visit these buildings and observe attentively what is described in the foregoing pages. The reader will surely notice soon that we are considering one of the most brilliant architects and internationally.

darlas a conocer, y que puedan servir como ejemplos sobresalientes de intervenciones en la ciudad.

Esta publicación no pretende ser un catálogo de la obra de Galíndez ni un estudio exhaustivo de su vida e ideas estéticas. Esto ya ha sido perfectamente realizado por J. M. Susperregui anteriormente (2000). Y por otra parte un análisis crítico del modo de proyectar y de la calidad constructiva de Galíndez, ya fue realizado en 1991 por Javier Cenicacelaya. Aquí nos detenemos a analizar aquellos edificios urbanos de su producción que nos parecen de más calidad, más sensibles a su entorno, de un lenguaje más refinado y una composición más clara y rotunda. Son éstos, a nuestro entender, la principal contribución de Galíndez a la historia de la arquitectura.

Todos los edificios seleccionados para esta publicación son edificios construidos en entornos urbanos tradicionales ya existentes, en los que se insertan con elegancia y respeto, sin estridencias. Todos ellos se someten a la trama urbana y asumen con sencillez que son parte de un conjunto mayor al que se subordinan. Estos rasgos son independientes del estilo escogido por el arquitecto, aunque en esta selección se han escogido solamente edificios de época madura, con un lenguaje destilado. En ocasiones son edificios situados a la vanguardia del diseño del momento (Aurora, Hormaeche, Equitativa), y en ocasiones son más prudentes o tradicionales (Banco Hispano Bilbao y Barcelona).

No insistiremos más. Ahora corresponde al lector visitar estos edificios, y observar con atención ante los mismos, cuanto se afirma en estas páginas. Se percatará muy pronto de que estamos ante uno de los más brillantes arquitectos de España y del panorama internacional.

NOTES

1. Jesús María Susperregui Virto, *Manuel I. Galíndez. Arquitecto*, Bilbao, Colegio Oficial de Arquitectos Vasco-Navarro, 2000; Javier Cenicacelaya, "The value of composition beyond style. The architectureof Manuel Galíndez, 1892-1980" *Composición Arquitectónica, Art & Architecture*, n. 8, 1991, pp. 111- 150.

2. Colin Rowe, Fred Koetter, *Collage City*, Cambridge, Massachusetts, The MIT Press, 1978, p. 65.

NOTAS

1. *Jesús María Susperregui Virto,* Manuel I. Galíndez. Arquitecto, *Bilbao, Colegio Oficial de Arquitectos Vasco-Navarro, 2000; Javier Cenicacelaya, "El valor de la Composición más allá del estilo. La arquitectura de Manuel Galíndez, 1892-1980",* Composición Arquitectónica, Art & Architecture, *nº 8, 1991, pp. 111- 150.*

2. *Colin Rowe, Fred Koetter,* Collage City, *Cambridge, Massachusetts, The MIT Press, 1978, p. 65.*

madrid
REALIDAD.
FICCION.
VERDAD.
9 ABRIL 23.05
FOX
VOTA

BANK OF VIZCAYA MADRID, 1930-32

THE IMPORTANCE OF THE PLACE

Throughout his career, as the cases in this book show, Galíndez was aware of the importance of the sites on which his buildings were to be constructed. In the case of the Vizcaya Bank in Madrid, the building would only have one elevation facing the street with which to offer an architectural expression to the city, as the plot lay between existing buildings. Given the importance of the existing commercial buildings in this area, designing a new bank for the streetscape represented a big challenge for Galíndez, by then still a relatively young architect.

The building is located at Alcalá Street 45, on one of the main streets in Madrid's city centre. This street was a desireable location where banking firms and state institutions had placed their headquarters since the 18th and 19th centuries. In Alcalá 47, adjoining the lot of land where Galíndez was to build, stood the Urquijo Bank, in a former apartment building which was adapted for offices by Ricardo Bastida in 1921.

The next building towards Plaza Cibeles, which now houses the Institute Cervantes, was designed by Antonio Palacios and Joaquín Otamendi and built in 1911-1918 for the Río de la Plata Bank. The pairs of caryatids flanking its main entrance have made of it an iconic building of central Madrid.

Galíndez's building was to be surrounded by three remarkable bank buildings: Urquijo Bank (1920), Río de la Plata Bank (1911-1918) and the monumental enlargement of the Bank of Spain (1930-1934). Their designers, Ricardo Bastida, Antonio Palacios and José Yarnoz were prestigious and excellent architects. Galíndez was much younger than them.

BANCO DE VIZCAYA MADRID, 1930-32

LA IMPORTANCIA DEL LUGAR

Como ya se ha dicho, Galíndez es perfectamente consciente del lugar en que se ha de asentar el edificio. De hecho, como se ve en los diferentes casos que se analizan en el libro, esa preocupación por el lugar es una constante. En este caso, el edificio, al estar entre medianeras, solo puede disponer de la fachada frontal, a la calle, para mostrar su expresión arquitectónica. Esto constituía un verdadero reto, dada la relevancia de las sedes bancarias que existían en el entorno.

El edificio está situado en el número 45 de la calle Alcalá, una de las más representativas del Madrid histórico. Dada su importancia, desde los siglos XVIII y XIX, se fueron ubicando en la misma, las sedes de importantes instituciones y de grandes bancos. Entre éstos, y haciendo medianera en la misma acera, hacia la plaza Cibeles, en el número 47, estaba ubicado el Banco Urquijo, en un edificio que había sido de viviendas y fue remodelado para uso bancario por el arquitecto Ricardo Bastida y Bilbao en 1921.

Siguiendo hacia Cibeles, en el número 49, se encuentra el edificio que aloja hoy al Instituto Cervantes, y que fue proyectado en 1911-1918 por Antonio Palacios Ramilo junto a Joaquín Otamendi, para el Banco Español del Río de la Plata (más tarde sede del Banco Central); esta obra era conocida como el Edificio de las Cariátides, por las cuatro que flanquean la puerta de acceso.

Por otra parte, en la acera de enfrente, en el número 48 de la calle, está la entrada lateral al Banco de España, en la ampliación llevada a cabo por Jose Yarnoz entre 1930 y 1934.

Hasta aquí, y en un entorno muy próximo, Galíndez tenía, como ya se ha señalado, tres importantes sedes bancarias: Banco Urquijo (1920), Banco Español del Río de la Plata (1911-1918)

G.H.MUMM
CHAMPAGNE
#DareWinCelebrate
RESTAURANTE · CERVECERÍA
EL HORNO DE SANTOS

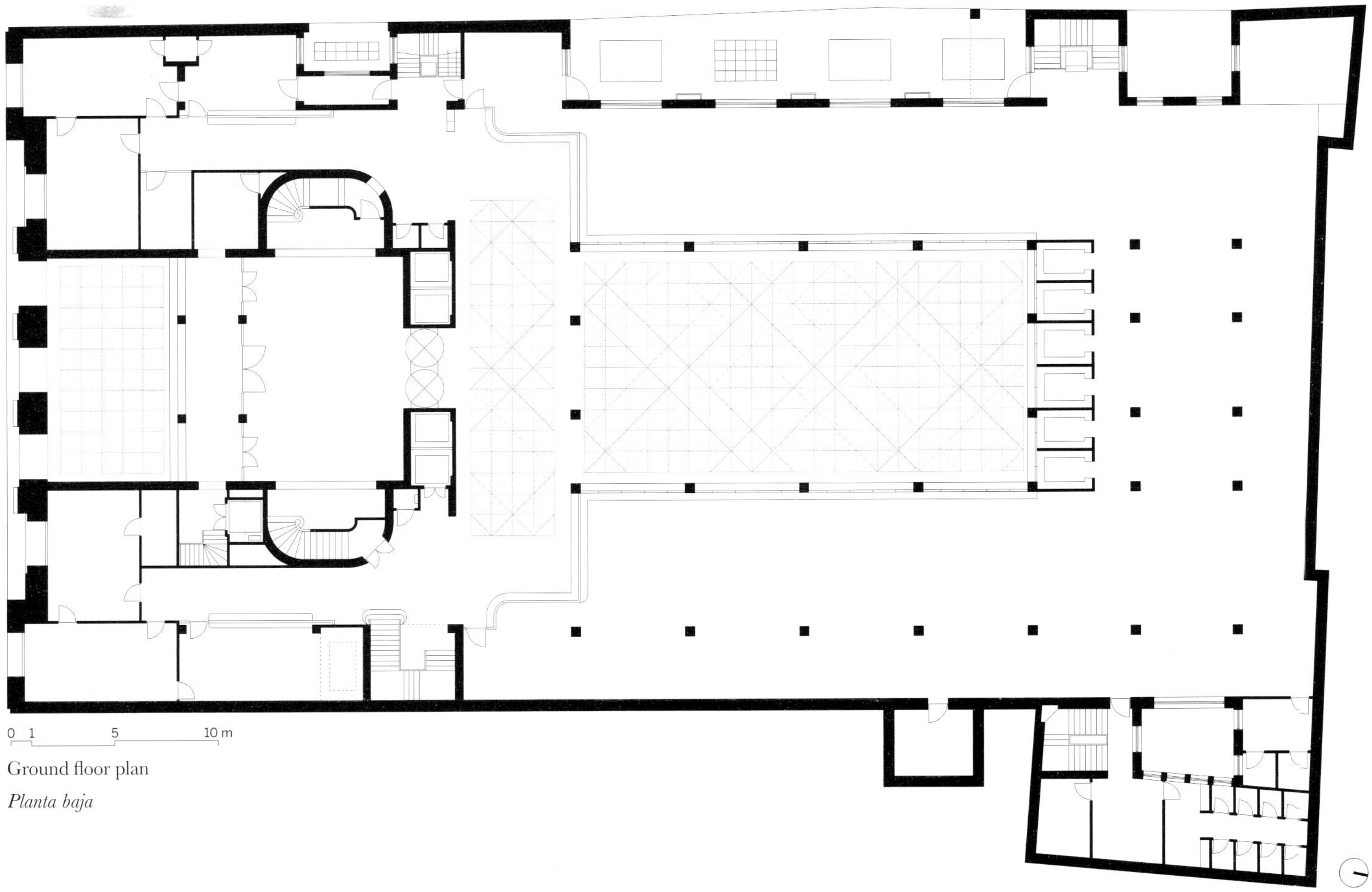

Ground floor plan

Planta baja

Opposite Alcalá 45 stands the side entrance of the Bank of Spain, its original building having recently been enlarged to designs by José Yarnoz in 1930-1934.

Apart from these examples, other remarkable bank buildings were located nearby and still more were to be built in the next few years. Following Alcalá Street towards the Puerta del Sol stands the headquarters of the Banco Industrial y Mercantil (1933-1945) also by Antonio Palacios. On the opposite side of the street stands the imposing building of the Banco de Bilbao (1920-1923) also by Galíndez's mentor Ricardo Bastida. Next to it, on the corner with Sevilla Street the headquarters of the Banco Español de Crédito was accommodated in an office building remodelled by Joaquín Saldaña (1920-1922).

y la imponente ampliación del Banco de España (1930-1934). Los autores de esas sedes, Ricardo Bastida, Antonio Palacios y Jose Yarnoz, eran figuras consagradas, y excelentes arquitectos. Galíndez era el más joven de todos los citados.

Además de los edificios mencionados, otras destacadas sedes bancarias habían sido construidas o iban a serlo próximamente, en las inmediaciones de la parcela. En la acera de enfrente, en el número 16, haciendo esquina con la calle Sevilla, se construyó el Banco de Bilbao (Hoy BBVA), obra de Ricardo Bastida y Bilbao (1920-1923). Siguiendo hacia la Puerta del Sol, por la misma acera, e igualmente haciendo esquina con la calle Sevilla, en el número 14 de Alcalá, se estableció en el existente Palacio de la Equitativa (1882-1891) el Banco Español de Crédito, tras una remodelación obra de Joaquín Saldaña, llevada a cabo entre 1920 y 1922.

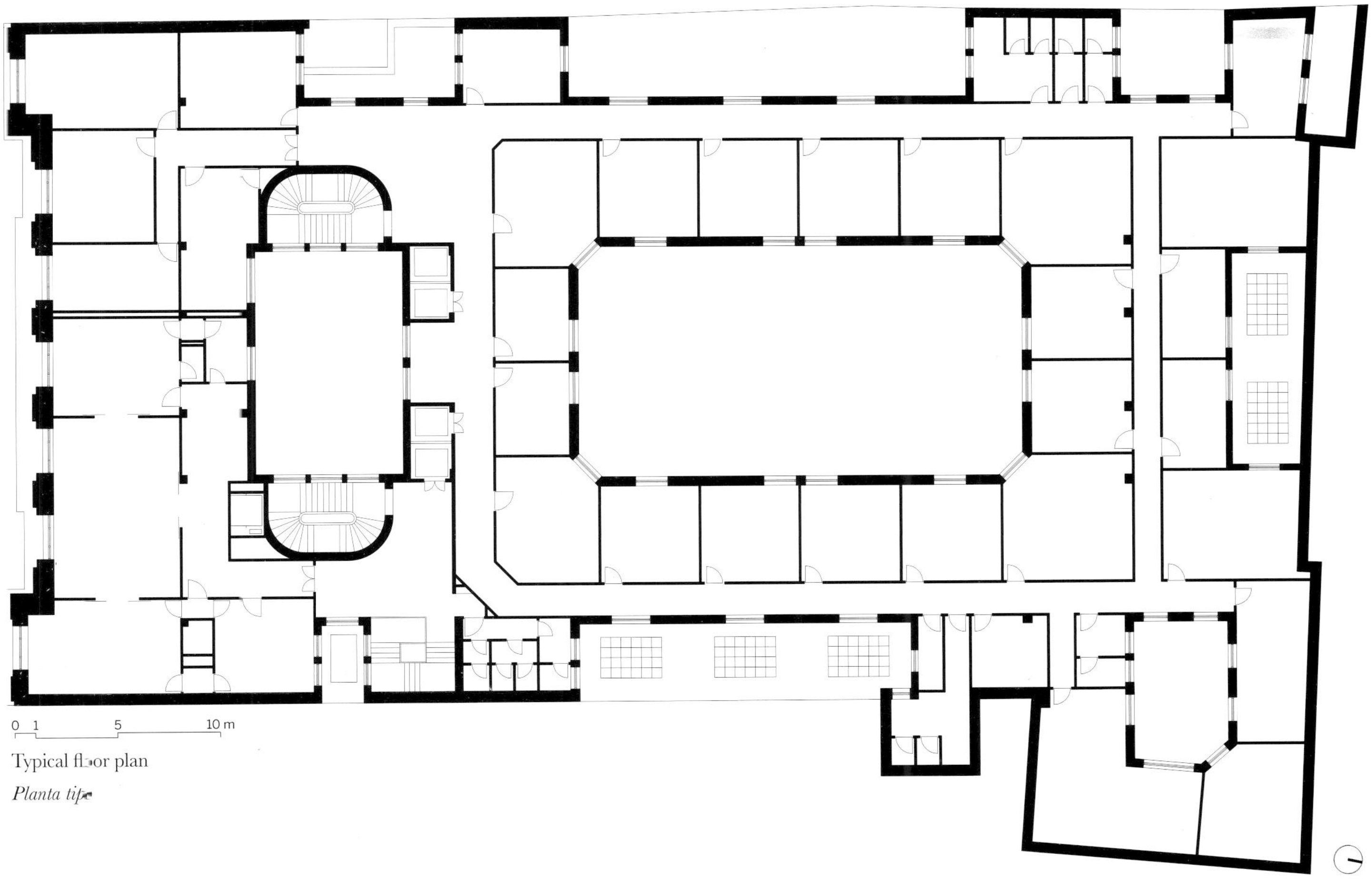

Typical floor plan

Planta tipo

Following the street towards Puerta del Sol, in number 8 of Calle Alcalá, is the building of Crédit Lyonnais (1904-1907), designed by José Urioste y Velada, which was soon to be aquired by the Hispano Americano Bank and incorporated into their headquarters in Plaza Canalejas on the same block.

In summary, in the early 20th century Alcalá Street was the financial heart of Madrid and the commercial centre of the capital. Aged 38, Galíndez faced the challenge of building the Madrid branch of the Banco de Vizcaya in this imposing location, by then one the most important banks in the country.

Continuando por la misma acera, hacia Sol, en el número 8 de Alcalá, se construyó entre 1904 y 1907 un edificio para el Credit Lyonnais obra del arquitecto José Urioste y Velada, que pronto fue adquirido por el Banco Hispano Americano y más tarde anexionado a la sede central del banco en la plaza Canalejas, es decir, dentro de la misma manzana.

No cabe duda que la calle Alcalá era un eje importante de esa parte de la ciudad de Madrid, a modo de verdadera City *de los negocios. Es ahí donde Galíndez enfrenta, con 38 años, el reto de construir la sede en Madrid, del, para entonces, importante Banco de Vizcaya.*

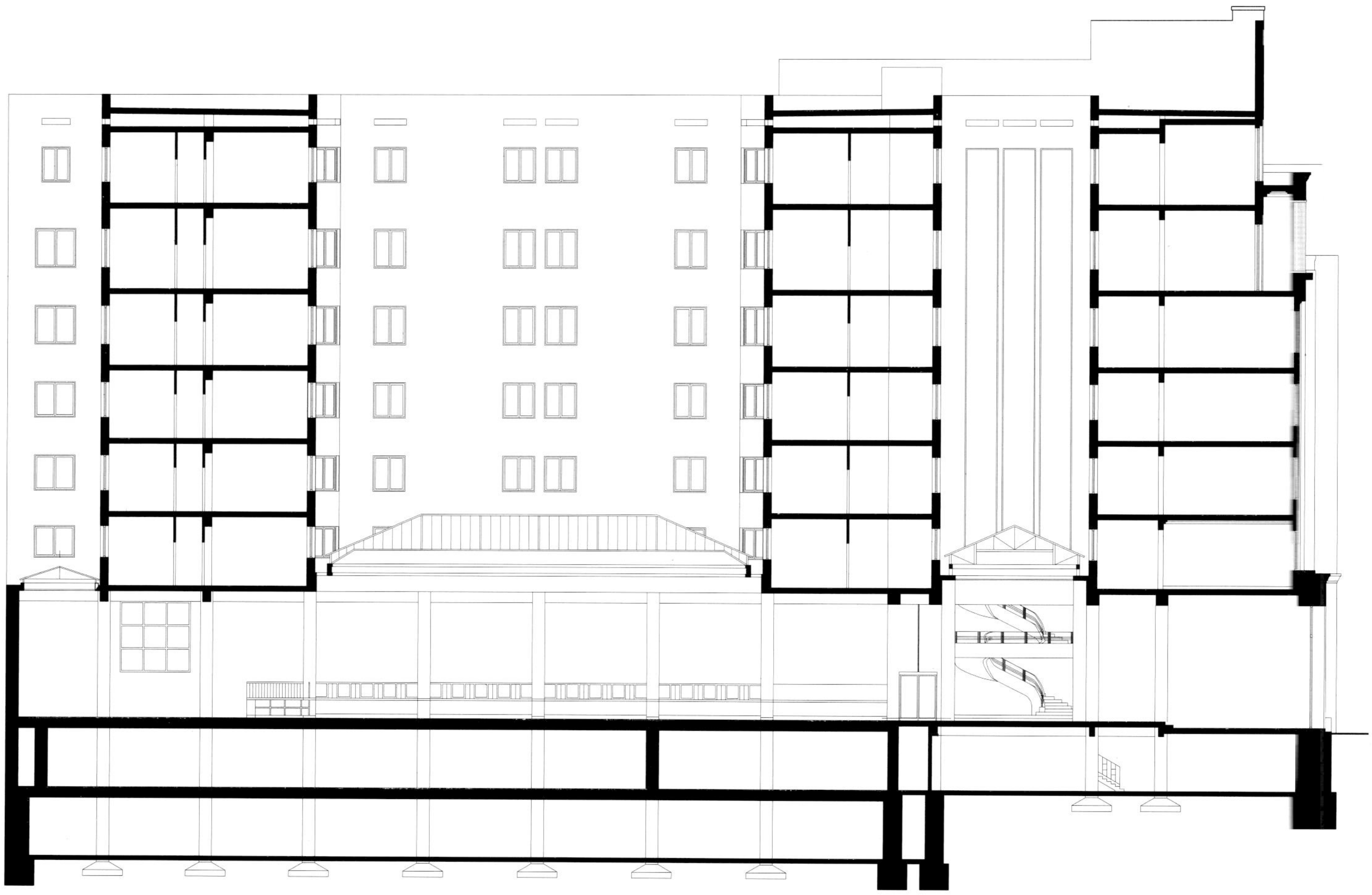

Longitudinal section

Sección longitudinal

0 1 5 10 m

MASSING AND PLAN LAYOUT

The bank stands between two other buildings and presents a symmetric facade, thirty-three metres wide, to Alcalá Street. The building encloses two courts, a small one close to the street and a larger one in the centre of the building. Both courts are rectangular in shape, the first one with is long side parallel to the street.

The second court has also a rectangular shape, formed by a double square, it has chamfered corners, and has its long side perpendicular to the street. This second, larger, court is placed over the ground floor Banking Hall, a large open-plan space room that has recently been altered by the new owners of the building.

VOLUMETRÍA Y PLANTA DEL EDIFICIO

Como hemos señalado es un edificio entre medianeras de 33 metros de anchura, cuya fachada es simétrica. Volumétricamente, hacia el interior de la parcela, el edificio presenta dos patios, uno, cerca del acceso desde la calle, más pequeño que el segundo que le sigue hacia el interior del solar. Este primer patio es de planta rectangular, cuasi cuadrada, con el lado largo paralelo a la calle.

El segundo patio, también es de planta rectangular, de doble cuadrado, con el lado largo perpendicular a la calle y tiene esquinas ochavadas. Este patio está colocado sobre el "patio de operaciones", es decir, sobre el amplio espacio abierto al público en planta baja. En la actualidad, el patio de operaciones ha sido alterado por los nuevos usuarios del edificio.

Elevation to Alcala Street

0 1 5 10 m

Alzado a calle Alcalá

The ground floor, destined for public use, is the most interesting storey of the building. This is because, like in other bank buildings by Galíndez, such as the Banco Hispano Americano (now Santander Bank) in Bilbao, the banking hall –which Galíndez called the 'public hall'– is located on the ground floor.

The main access is through what Galíndez referred to as the 'Portal' (photographs in page 54). It has two doors in its side, with frames of black marble and surrounded by a recess in the wall. The door furniture is of polished brass.

Through the wall opposite the main entrance one accesses an elegant vestibule with the landings of a staircase to either side. These staircases display simple but delicate brass railings typical of Galíndez. The vestibule is double height, with two flights of each staircase visible from it, matching the height of the public banking hall. The vestibule is paved with marble slabs of two contrasting colours, veined black for the geometric motif against a cream background.

The opening between the vestibule and the banking hall is glazed the full height and width, allowing views between the two spaces. There is a glass door of ordinary height within this screen set in a polished brass surround.

The banking hall has been altered by the present owners of the building so that, although it maintains its original size and proportions it has lost its original character. Galíndez combined black marble with golden brass elements in a dimly lit setting which created an Art Déco, Hoffman-esque atmosphere. Here the cold atmosphere of the vestibule changed into a warmer and more intimate one.

The upper floors are more conventional, with rational distribution of near identical rooms, as is common in Galíndez's office buildings. The only exception is the floor which has the upper loggia facing the street, which consequently has a smaller plan.

La planta baja es realmente la única que pudiera tener un cierto interés. Es la que estaba destinada al público. Como se verá en otra obra de Galíndez, como es el caso del Banco Hispano Americano (hoy Santander) de Bilbao, es igualmente la planta baja la que presenta mayor interés, por idénticos motivos: allí se coloca el patio de operaciones, que Galíndez denomina "hall público".

Tras la puerta de acceso desde la calle, nos encontramos en lo que Galíndez denomina como "Portal" (fotografías pág. 54). Aquí se abren sendas puertas a cada lado, recercadas con mármol negro veteado, y enmarcadas por medio de un receso del paño de pared. Las carpinterías son de latón pulido.

Tras el portal se pasa a un elegante vestíbulo, donde se sitúan, a cada lado, los arranques de las escaleras a los pisos superiores. Las escaleras, como es habitual en Galíndez, presentan barandillas de latón, sencillas, pero muy cuidadosamente trabajadas. El ámbito del vestíbulo es de doble altura, como se evidencia por las tiradas de escaleras. Esa altura, es la misma que Galíndez propone para el "patio de operaciones" de acceso público. El pavimento del vestíbulo diseñado con dos colores, presenta unos despieces geométricos de mármol negro veteado, que por sus dimensiones contrastan con el fondo en que se insertan de color claro.

Una amplia cristalera que abarca la doble altura del vestíbulo, y toda su anchura, separa, y deja ver el patio o sala de operaciones. La puerta de acceso a esa sala se abre manteniendo la escala humana, es decir, a una altura habitual de cualquier puerta. La carpintería de esta "pared" de cristal es de latón.

El patio de operaciones del banco ha sido alterado por los nuevos dueños del edificio. Se mantienen las proporciones, pero se ha perdido el carácter original. Galíndez hizo combinar el mármol negro con el dorado de los elementos de latón. Esto unido a una iluminación tenue de las lámparas, generaba un carácter netamente Art Déco, de aire Hoffmanniano. La sala de operaciones cambiaba el carácter más frío del exterior, por otro más cálido e intimista.

Las plantas altas son más convencionales. Se limita a una distribución racional de estancias prácticamente idénticas, como es habitual en todas las obras de Galíndez. La única salvedad radica en la planta donde coloca la logia de la fachada, que por este motivo reduce su superficie,

VOTA
VOTA

DESCRIPTION OF THE FACADE

The facade is built in white granite with the central part of the ground floor clad in Scandinavian black granite to emphasize the entrance.

The two external bays are heavily massed, with the wall surface dominating the windows, and they flank the rest of the facade in the manner of Egyptian pylons. The central body is divided into five bays, with a vertical arrangement that emphasizes the surface.

The vertical stacks of windows formed by the four storeys are divided by golden brass aprons, coincident with the floor slabs. The projecting sections of wall between

DESCRIPCION DE LA FACHADA

Está construida en granito blanco, con un aplacado de granito negro de Escandinavia en el centro de la planta baja, enfatizando de ese modo la entrada.

Entre dos cuerpos, situados en los extremos, a modo de pilonos, donde predomina el muro, se sitúa el gran paño central de la fachada dividido en cinco vanos, merced a un mecanismo de resaltado del muro entre las hileras de ventanas, en sentido vertical.

Los huecos verticales formados por los cuatro pisos de ventanas, se cortan con unos antepechos metálicos dorados, marcaplanos, a la altura de los forjados. Esos resaltos, como pilastras acanaladas arrancando del muro de la planta baja, llegan al piso cuarto,

the windows are decorated with fluted pilasters which take the ground floor as their plinth and rise to the top of the fourth floor. In the floor above this, they are substituted by smaller pairs of fluted pillars which constitute the colonnade of a loggia, crowned with an entablature comprising a wide, unadorned architrave topped with a very thin cornice. In this cornice Galíndez has placed lions' head medallions resembling the gargoyles in Greek temples.

Set back above the loggia a heavy stone volume rises above the central body of the building. In its lower part there are five arches with recessed surrounds. These arches make sense in the architectural composition of the facade, as they are read as openings in the lower part of a massive wall surface. The lettering of the bank that

donde se detienen, para desdoblarse en dos pilarcitos, también acanalados. Éstos definen una logia, que se remata con un entablamento, de grueso arquitrabe sin friso, con una levísima cornisa que constituye el propio remate del edificio. En esta cornisa Galíndez ha colocado unas cabezas de león al modo de la gárgolas de los templos griegos.

Sobre la logia, pero más retrasada, y correspondiendo solo al paño central, se alza una pesada caja pétrea, donde se abren cinco arcos, cuyas roscas, se estratifican hacia el interior del paño de fachada. Estos arcos, tienen pleno sentido compositivo, en cuanto que se leen como aperturas en un muro, ya que la masa muraria sobre los arcos es de considerables dimensiones. Sobre esta superficie del muro se colocaron las letras con el nombre del Banco, hoy sustituidas por el escudo de la ciudad de Madrid, después de que el edificio fue adquirido por la Administración.

owned the building was placed over this wall surface, now replaced by the coat of arms of the city of Madrid, after the city council bought the building.

The upper volume ends with a frieze with a vertical geometric pattern and a thick string course resembling a coping. This crowning of the building rises slightly in the corners, over the heads of two angels, carved in bas

La caja pétrea suaviza su unión con el cielo, por medio de un friso con un motivo geométrico vertical y una ancha imposta a modo de gruesa albardilla. Este remate con el cielo, presenta una breve elevación en sus extremos, sobre la cabeza de dos ángeles, en bajorrelieve, uno a cada lado del muro que hace de frente del piso ático. También sobre los cuerpos extremos, que antes señalábamos como pilonos, se colocan unos cuerpos remetidos con grupos escultóricos.

relief on each side of the attic storey. There are also two statue groups carved on recessed blocks, at the top of the two outer bays.

The facade in the ground floor follows the composition of the rest of the facade. The massive flanking bays have in their lower part an arched opening. Between them is the wall of the ground floor, which works as a plinth on which the facade pilasters rest. This wall has five openings, interspersed with the piers that support a thick architrave and a thin cornice. The cornice runs along the whole of the facade signalling that the whole of the ground floor is the basement for the building. In the lateral pylons it is only this cornice which defines the basement, as here there is no architrave.

The central tripartite element of the ground floor, with its three openings, four pilasters and the corresponding architrave and cornice, is clad in black granite and projects out slightly. The black colour prepares for the interior spaces and marks the entrance to the building which leads in to the 'Portal'.

La planta baja sigue lo antes dicho sobre la composición del paño central. Entre los resaltos extremos, los que hemos denominado "pilonos", murarios, sobre los que se recortan huecos en arco, se ubica el muro de entrada que opera de basamento de las pilastras antes citadas. En este muro se abren cinco puertas, entre machones que soportan un grueso arquitrabe y una leve cornisa; ésta corre de un extremo a otro de la fachada, marcando el carácter basamental de la planta baja. En cuanto a los cuerpos extremos resaltados como pilonos, es esa leve cornisa la que marca el límite entre el carácter basamental de la planta baja de los "pilonos", ya que en ellos no aparece el grueso arquitrabe del paño central.

En el centro de la planta baja, superpuestos a los cuatro machones, a modo de pilastras, unos aplacados de granito negro, forman un lienzo que se remata con un arquitrabe y una cornisa en línea con la antes mencionada, que aquí (la cornisa) ha cambiado el material.

El color negro, que marca la entrada al edificio, nos prepara en el tránsito hacia el interior. Tras la puerta de acceso desde la calle, tal y como he comentado anteriormente, nos encontramos con el "Portal".

45

+m

45
+m

QUALITY OF EXECUTION

All of Galíndez's works stand out for the extreme care and precision in construction that they show, especially this building. It is worth taking a close look at all the details in order to fully understand this virtuosity. For example the lintels in the upper loggia are exquisitely constructed and stand just over the double pillars. This detail, as many others, can remain unnoticed unless we carefully observe each of the elements of the construction.

The subtle layering of planes used in this building is typical of Galíndez. In fact it is typical in his buildings that the surfaces of the baseboards and socles do not have crownings or imposts, but are plain projecting surfaces. This is a way, in our view, of visually simplifying the wall surfaces. It avoids all "unnecessary" ornamentation, opting instead for a sophisticated simplicity achieved through delicate massing and layering. This layering is present in the work of other architects of the time, such as Sir Edwin Lutyens.

The stone surfaces are very smooth and this smoothness is emphasized by the shadows cast by the delicate projection of string courses and architraves, the opening of arches or the fluting of pillars and pilasters. The visual result is a building of neat lines with a very precise execution.

In summary, Galíndez responds to the wide street in which the building stands with a facade whose different bodies, including the tall attic storey, can be seen in totality from the opposite side of the street. He also responds to the function of the building, especially with the banking hall in black and golden colours and intimately lit (now altered). Many of the compositional elements he used in this building will reappear in later works, adapted to their respective locations.

SOBRE LA CALIDAD DE EJECUCION

En esta obra y en términos generales, en toda su obra, Galíndez muestra una calidad de ejecución de una precisión y cuidado excepcionales. De hecho hay que mirar detenidamente todos los detalles, todas las partes de la construcción parta poder percatarse de ese extremado virtuosismo. Por poner un ejemplo, los dinteles de los vanos de la logia superior, están presentados con una primorosa ejecución como puede verse en cómo se apoyan sutilmente sobre los dobles pilares. Es un detalle que, como tantos otros pasa desapercibido, a no ser que nos fijemos muy atentamente en todos y cada uno de los elementos de la construcción.

El recurso a la estratificación de las superficies de un modo extremadamente suave y sutil, que presenta este edificio, es una constante en la obra de Galíndez. De hecho es frecuente en sus edificios observar cómo, por ejemplo, los paños que hacen de rodapié o de zócalo, no tienen una imposta de remate, sino que aparecen resaltados de un modo sencillo. Es una manera, desde nuestro punto de vista, de simplificar visualmente las superficies de pared, es decir, de presentarlas con la menor carga de plasticidad posible. O dicho de otro modo, es un mecanismo que permite descargar al edificio de una "innecesaria" ornamentación, es decir, de optar por la sencillez. Una sencillez obtenida de un modo muy sofisticado. Este tipo de estratificación lo vemos también en otros arquitectos de la época como Sir Edwin Lutyens.

El tratamiento de las superficies de piedra es de una gran lisura, enfatizada para la introducción de las sombras de impostas o arquitrabes por unos muy leves resaltos, o recortes para abrir los arcos, o el estriado de las pilastras y pilares. El resultado visual es el de un edificio muy limpio, y de ejecución, como decimos, muy precisa.

En conjunto Galíndez responde a la ancha calle en que se sitúa con una fachada, cuyos diversos cuerpos, incluida la "caja" del ático que la remata, pueden verse en su totalidad desde la acera de enfrente. Responde también al programa interior, con esa sala de operaciones en colores negros y dorados de matizada iluminación (hoy en día alterada). Muchos de los mecanismos compositivos utilizados en este edificio reaparecerán en otros, adaptados al lugar

Details of the entrance *Detalles de la entrada*

Vestibule *Vestíbulo*

HORMAECHE HOUSE BILBAO, 1931

CASA HORMAECHE BILBAO, 1931

THE IMPORTANCE OF THE PLACE

This building stands on a corner at a crossroads formed by two streets (Alameda de Urquijo and Padre Lojendio) at the centre of the city. Apart from the main corner facing onto the junction of the two streets, it has another smaller corner facing onto the Jesuit Church which lies adjacent to the building.

The site is exceptionally interesting, not only because it lies next to the imposing Gothic Revival church (locally known as the 'Residencia'), but also because it lies very close to Gran Vía, the main street of Bilbao´s nineteenth century expansion. In fact, given that Alameda de Urquijo is a curved street, Galíndez´s building is clearly visible from Gran Vía which is in turn within eyeshot of Hormaeche House. Galíndez, realising this opportunity, used the space separating his building from the church to place corner windows, visible from Gran Vía, and which afford commanding views of that street.

LA IMPORTANCIA DEL LUGAR

Se trata de un edificio en el cruce de dos calles (Alameda de Urquijo y Padre Lojendio), es decir en esquina, y que antes hemos denominado con dos esquinas; ello porque, además de la formada por las calles, existe otra "esquina" en el espacio que queda contiguo a la iglesia de los Jesuitas, en la misma manzana.

El lugar es de excepcional interés, no sólo por ser adyacente a tan importante edificio, como es la iglesia neogótica de los Jesuitas (conocida popularmente como la Residencia), sino por encontrarse en una manzana muy próxima a la Gran Vía, que es la principal arteria del ensanche bilbaíno. De hecho, dada la curvatura de la Alameda de Urquijo, el edificio de Galíndez es perfectamente visible desde la Gran Vía, y lógicamente, desde el edificio es igualmente visible esta importante arteria. Galíndez, perfectamente consciente de la situación, aprovecha el espacio que separa su obra de la iglesia adyacente para colocar, como veremos, unas ventanas en esquina; ventanas visibles desde la Gran Vía, y desde las cuales se puede, igualmente, ver esta calle.

MASSING AND PLAN LAYOUT

The building is very compact, as is typical of Galíndez's buildings. He followed the planning regulations' requirement of chamfered corners in the ground floor, above which he placed a rounded corner rising five further floors up to the top of the building. Above this corner at the intersection of the streets rises an extra floor, as permitted, and even encouraged, by the planning regulations which sought to create visually attractive crownings on corner buildings. The extra storey is also present in the end bays of the building. Finally the building has a recessed attic storey.

The building has a mixture of uses: it has commercial units at street level, offices on the first floor and apartments on the upper floors.

The entrance to the building is in the ground-floor chamfer, while the staircase is in the diagonal which, starting from the crossroads junction, divides the plan into two equal halves. This is how the architect tried to balance the number of rooms facing the streets in each of the apartments of the building. In order to make the most of the space available, he placed the main staircase almost exactly in the centre of the building. Galíndez used the long distance in ground floor between the entrance door and the staircase to create a sequence of interesting spaces.

Galíndez always paid careful attention to the entrance doors and vestibules of his buildings, but this case is particularly remarkable. It is worth taking some time to understand.

The entrance door is executed in fine ironwork, and it is framed by two glass cylinders stand on cylindrical granite bases. After passing through this door, one enters into the entrance lobby, a rectangular room which becomes narrower towards its end as it leads to the vestibule through a second door.

We should also note the careful detail with which each of these spaces were designed. For example, in the rectangular entrance lobby the dark marble baseboard continues projecting subtly in the deep frame of the door that leads to the vestibule. This door has a wooden frame surrounding a glass surface divided by horizontal glazing bars.

VOLUMETRIA Y PLANTA DEL EDIFICIO

El edificio mantiene una notable compacidad, como es habitual en la obra de Galíndez. Manteniendo la alineación en planta baja achaflanada, tal y como estipula el plan del ensanche bilbaíno, Galíndez redondea la esquina en toda la altura del edificio. El edificio tiene planta baja más cinco plantas altas. En la esquina del cruce de las calles, el edificio se eleva una planta más, siguiendo lo permitido (e incluso promovido) por las ordenanzas del plan del ensanche con la idea de generar variedad y proporcionar remates a las vistas. Las dos esquinas colindantes con los edificios adyacentes se elevan igualmente un piso más. Existe, en el edificio, una planta en ático, retranqueada.

El edificio tiene usos mixtos: comercios en planta baja, oficinas en planta primera y viviendas en el resto.

La puerta de acceso al edificio está situada en el chaflán y la escalera en la bisectriz del ángulo formado por las dos calles. Ésta es la manera con la que el arquitecto intenta que el número de estancias al exterior sea equilibrado en las dos manos del edificio. Para realizar una distribución óptima, sitúa la caja de la escalera principal prácticamente en el centro del solar. Por este motivo, la distancia desde la puerta de acceso desde la calle hasta la escalera, que es importante, constituye para Galíndez motivo para llevar a cabo una secuencia de espacios de sumo interés.

Si bien, en todos los edificios Galíndez siempre presta una atención especial a la puerta de acceso y al portal, es en esta casa donde tal atención es particularmente interesante. A continuación, veremos por qué.

La puerta de entrada presenta un excelente trabajo de forja, enmarcada por dos cuerpos cilíndricos, que descansan sobre un rodapié de granito igualmente cilíndrico. Esta puerta conduce al portal, una sala rectangular que se abocina al fondo para dar paso al vestíbulo, tras cruzar una segunda puerta.

Es digno de atención fijarse atentamente en los minuciosos y cuidados detalles con los que se han tratado cada uno de los elementos de todo este acceso al edificio. Así por ejemplo, en el "abocinamiento" que conduce a la segunda puerta, el rodapié del portal se remata contra un recerco de esa segunda puerta, pero mediante un levísimo resalto mantiene la continuidad horizontal; de modo que hace de rodapié del recerco de dicha puerta. Aquí esta puerta es de madera, con junquillos de latón.

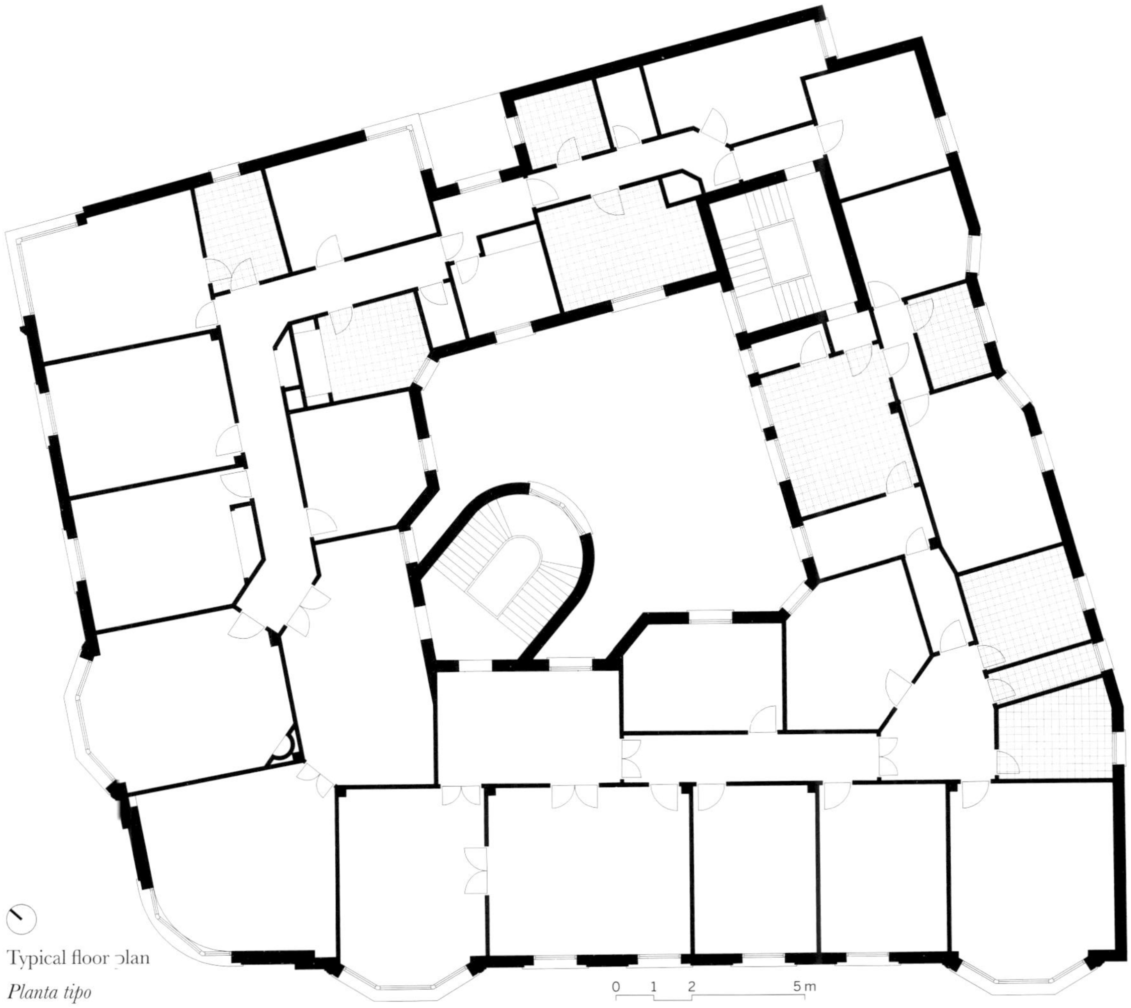

Typical floor plan
Planta tipo

The vestibule is a chamfered square with two symmetrical niches in the side walls, each accommodating beautiful lamps resting on cylindrical marble shafts. The narrow end of this vestibule, leads through an opening to the staircase landing.

The description of this promenade route from the street to the staircase may seem excessive but it helps us to grasp the extreme care given by the architect to the small details. The long distance necessary in the plan between the entrance and the staircase is thus transformed into a beautiful sequence of spaces.

The plan layout of the apartments is more conventional with rooms of similar size facing the street.

El vestíbulo es un rectángulo ochavado, con unos nichos a ambos lados que alojan una hermosas lámparas con un pie pétreo. El ochavamiento de este pequeño vestíbulo conduce a la apertura que permite el acceso a la caja de escalera.

Quizás resulte excesivamente descriptivo este tránsito desde la calle hasta la caja de escalera. Pero es muy clarificador para percibir el nivel de cuidado que el arquitecto presta a cada detalle. Con todo ello, ese tránsito, de cierta entidad, se convierte en un hermoso episodio, ya que Galíndez ha colocado, como ya hemos señalado anteriormente, la caja de escaleras alejada de la línea de la calle, casi en el centro de la parcela.

La distribución en planta es más convencional, con estancias de muy parecidas dimensiones.

Elevation to Padre Lojendio Street

Alzado a la calle Padre Lojendio

Elevation to Alameda de Urquijo 0 1 2 5m *Alzado a Alameda de Urquijo*

Casa del Libro
Casa del Libro

THE ELEVATIONS

The two elevations are independent planes subtly divided into layers. Each elevation is composed of a brick surface with regular fenestration, framed between two stacked canted bays clad in limestone. At the angle between the two elevations, there is another brick surface, a curved corner. This elevations rest on the ground floor which is clad in limestone. The elevation of the ground floor is composed of simple piers separating the large openings of the shop windows which support a thick architrave crowned by a cornice. This architrave runs along the whole building, stressing the visual division between the lower basement and the rest of the building. The height of this floor has been enlarged by extending the thick architrave of the ground floor up to the sills of the first floor, which are included in the cornice. This produces an odd effect, as the bay windows in the first floor do not rest on a parapet.

The first floor, clad in stone, is different both from the ground floor basement and the upper part of the elevations, which helps convey its use for offices as being distinct from the apartments above. To Alameda de Urquijo Street, three large

LAS FACHADAS

Las fachadas se configuran como paños independientes yuxtapuestos de forma sutilmente estratificada. Así hacia cada una de las dos calles, se ofrecen unos elementos verticales de aplacado de piedra, que enmarcan paños de ladrillo, En la rotonda de esquina aparece otro paño de ladrillo. Todo ello descansa sobre el basamento, aplacado en piedra caliza, en que se constituye la planta baja: una pared en la que se abren los huecos para las tiendas. Esta planta tiene los machones de muro con un ancho arquitrabe rematado en la cornisa, que, al correr de parte a parte del edificio, afirma el carácter basamental de la planta baja. La altura de esta planta baja se ha agrandado ópticamente, ya que, el ancho arquitrabe debe su anchura al antepecho de la planta primera, que ha desaparecido; este hecho, produce el curioso efecto de las bay windows *de esa planta, que carecen de su parte inferior y tienen muro macizo sobre la ventana.*

Sobre la planta baja se sitúa la planta primera, aplacada en piedra, destinada a oficinas, con dos ventanas por cada espacio abierto de local comercial en planta baja, en la fachada a la calle Padre Lojendio. Y tres ventanas sobre el basamento en la fachada a alameda de Urquijo, además de las que se abren en la rotonda, en las bay windows *y las de esquina.*

CASA HORMAECHE

windows are opened over the ground floor shop windows, while there are two windows over each shop window facing Padre Lojendio Street. In the first floor, two smaller windows are grouped over each shop window in the ground floor. The brick wall of the upper floors rests on the thick stone architrave of the first floor. The large brick surfaces are framed by a thin stone moulding that also rests on the architrave.

Galíndez used certain techniques for articulating the elements of the elevations that are worth mentioning. First of all, the extremes of the building are different. The elevations are composed, over the basement, of three brick surfaces interspersed between four vertical elements clad in stone which act as a frame and which mark the ends of the building. Three of these elements are the stacked canted bays, while the fourth one was previously described as the "second" corner of the building next to the Jesuit church. It is a vertical sequence of corner windows, which face Alameda de Urquijo street and onto the small recessed space between the church façade and the side aisle .

Several reasons could explain this corner fenestration. Firstly, it indicates that the structure of the building is trabeated and does not make use of load-bearing walls. On the other hand, as noted above, these corner windows afforded views of Gran Vía Street, the main street of the city centre, owing to the fact that Alameda de Urquijo Street has a curved layout (photograph page 18). Above that, the solution adopted was typical of buildings with concrete structures making it up-to-date with contemporary architectural language.

The stone vertical element in the other extreme of the building, in Padre Lojendio street, is a stacked canted bay and has an extra storey. The other two stacked canted bays flanking the curved corner also have an extra storey.Following Bilbao's regulations, in the corner rotunda the last storey is not recessed and its tall parapet rises over the rest of the building. Neither is it recessed over the four stone-clad vertical elements.

The uppermost storey is recessed over the brick surfaces, following planning regulations. Galíndez integrated these different elements and their varied geometry into a coherent design using a number of solutions that appear simple at first, but are in fact very sophisticated and reveal his mastery of architectural composition mechanisms.

Un ancho arquitrabe remata esta planta de oficinas, y hace de base de los paños de ladrillo. Sobre este arquireabe descansan los cordones verticales de piedra que enmarcan esos paños latericios.

Galíndez utiliza una serie de mecanismos de articulación y separación de los paños, que vale la pena señalar. Así, es preciso hacer notar que los extremos del edificio, son diferentes. En el límite contiguo a la iglesia de los Jesuitas, lo que antes denominabamos la segunda "esquina". Este elemento vertical de aplacado de piedra, que se vuelve hacia el interior de la parcela (creando esa "esquina"), tiene ventanas abiertas en el ángulo de ese paño; es decir, en la arista de esa "esquina", que queda fenestrada con ventanas en ángulo hacia la Calle Alameda de Urquijo y hacia el interior de la parcela, ya que la iglesia deja un espacio que permite hacer esto.

Esta fenestración en ángulo tiene varias lecturas. Por un lado el edificio evidencia una construcción que no es muraria, sino de estructura de pilares de hormigón, lo cual le permite "romper" el muro de esta manera. Por otro lado, estas ventanas tienen una larga vista hacia la Gran Vía, ya que la alameda de Urquijo, al tener un trazado curvo, coloca a estas ventanas en una posición más central ante la vista que se abre hacia la Gran Vía (fotografía pág. 18). Y además, Galíndez, haciendo esta solución toma una opción lingüística más actualizada.

En el otro extremo del edificio, es decir, en el límite de la fachada en la calle Padre Lojendio, el elemento vertical de aplacado de piedra, se configura en bay window. *Y de igual modo lo hacen los otros dos cuerpos que enmarcan la rotonda. Esta rotonda tiene un piso más (tal y como permiten las ordenanzas del ensanche, siendo práctica habitual). También los elementos extremos tienen un piso más.*

El último piso, por ordenanza, está retranqueado sobre los paños de ladrillos a las dos calles. Por todo lo expuesto, se producen unas soluciones, que, tras su aparente naturalidad, reflejan un grado de complejidad, que nos revela la habilidad de manipular los elementos compositivos, así como los mecanismos de los que Galíndez se vale.

Las bay windows, *al recogerse en un paño más amplio, aparecen como superpuestas a las superficies de ladrillo contiguas. Pero al mismo tiempo, estas superficies de ladrillo, están perfectamente recercadas por unas molduuras a modo de recercos (unas molduras o "cordones") de piedra, en su unión a los elementos verticales formados por esas* bay windows *y el cuerpo de la "otra esquina".*

9
CALLE
PADRE LOJENDIO
ALAMEDA
URQUIJO
URKIXO
ZUMARKALEA
Uniport Bilbao
NOTARIO
contanor
DataWay
Casa del Libro

The stacked bay windows, which are surrounded by a stone surface, seem superimposed onto the brick surfaces next to them. At the same time, these brick surfaces are perfectly framed by a stone moulding running along its top edges and its side at the junction with the vertical elements formed by the bays and the other "corner".

The framing of the brick wall surfaces is something unseen in the architecture of that time, both in Spain or in other European countries. It is a technique which recalls the idea of 'collage': composing an elevation with separated planes, in which the edges of each plane are strongly marked as though it were a box, in which the edges were emphasized. This would entail something similar to what the Austrian architect Josef Hoffmann did in the Stoclet Palace, Brussels (1905-11).

However, the way moulded frames are used is different in the Hormaeche House. On the whole, Hoffman's building has a rich massing composed by many intersecting volumes, with many planes which are folded creating right angle edges. On the contrary, Galíndez's building is very compact (typical of his urban buildings), and is not fragmented into different volumes. Not even in buildings as recent as those in Spaardammerbuurt, by the Amsterdam School, do we see frames of the type used by Galíndez, in spite of the novel arrangements in stone and brick which were used in the Netherlands. This makes Galindez´s contribution particularly significant.

The stacks of bay windows are surmounted by a storey of stone wall. Here the stacks of windows end with one last bay projecting out of the wall, lighter than rest, being built of timber joinery. These volumes in the top storey link together the stacks of bay windows and the attic storey and add a vernacular flavour to the building with their hipped roofs of red tiles.

At the same time, the walls over the stacks of bays that flank the corner rotunda rest on a simple vertical band of brick running down to the first floor architrave. Finally, the stone surfaces are crowned with light Art Deco geometric ornaments, marking the water spouts. In the rotunda courses of bricks are arranged into ornamental string courses and the windows have slightly projecting stone surrounds.

El recercado de los paños de ladrillo no es algo visto en la arquitectura española de esos años, ni siquiera en la obra latericia contemporánea de otros países de Europa. Es, sin duda, una idea que remite al concepto de "collage", de plegar o separar los planos de un edificio, marcando el pliegue o el límite de separación con un plano contiguo. Como si se tratara de una caja, en la que se "refuerzan" las aristas; como si fueran bisagras. A nuestro entender algo similar lo hemos visto en el Palacio Stoclet de Bruselas (1905-1911), obra del austriaco Josef Hoffmann.

La operación en esta Casa Hormaeche, no es igual que la del Stoclet. Y ello por algunas razones obvias. El edificio de Hoffmann presenta una rica volumetría con una gran variedad de volúmenes en todas sus fachadas, lo que facilita la presencia de "pliegues", de planos ortogonales entre sí, con la clara idea de crear aristas. El edificio de Galíndez es, por el contrario, de una gran compacidad (algo común en su obra urbana) lo que no permite la fragmentación en diversos volúmenes con sus correspondientes "pliegues", y por ende la aparición de aristas susceptibles de ser "acordonadas" o recercadas. Ni siquiera en ejemplos tan significativos como son el conjunto de edificios del barrio de Spaarndammerbuurt de la Escuela Amsperdam, hemos visto este tipo de "cordones". Allí, en Holanda se ven soluciones del ladrillo y la piedra realmente originales, pero no como en la Casa Hormaeche. Por ello es realmente novedosa esta aportación de Galíndez

Junto a esto, el cuerpo de bay windows *vertical se detiene al llegar al último piso de piedra en el que se recoge. Se detiene y no se detiene, ya que Galíndez añade una última* bay window, *esta vez de carpintería de madera, más liviana, con carácter de remate de todo el cuerpo vertical de* bay windows, *y que ahora si está perfectamete enganchada contra el muro. Esta última* bay window, *presenta un carácter más propio de la arquitectura vernácula.*

A su vez, estos muros se recogen contra el muro curvo de la rotonda, con un pequeño resalto; y este resalto se prolonga en el paño de ladrillo de esa rotonda, en toda la superficie del edificio.

Las superficies de piedra, en su coronación, llevan unos tenues motivos geométricos "Art déco" remarcando las gárgolas. Las superficies de ladrillo tienen en la rotonda unas tiras de ladrillos resaltados, a cada lado de las ventanas; y en todos los paños latericios un levísimo resalto del recerco pétreo de las ventanas.

9
DataWay

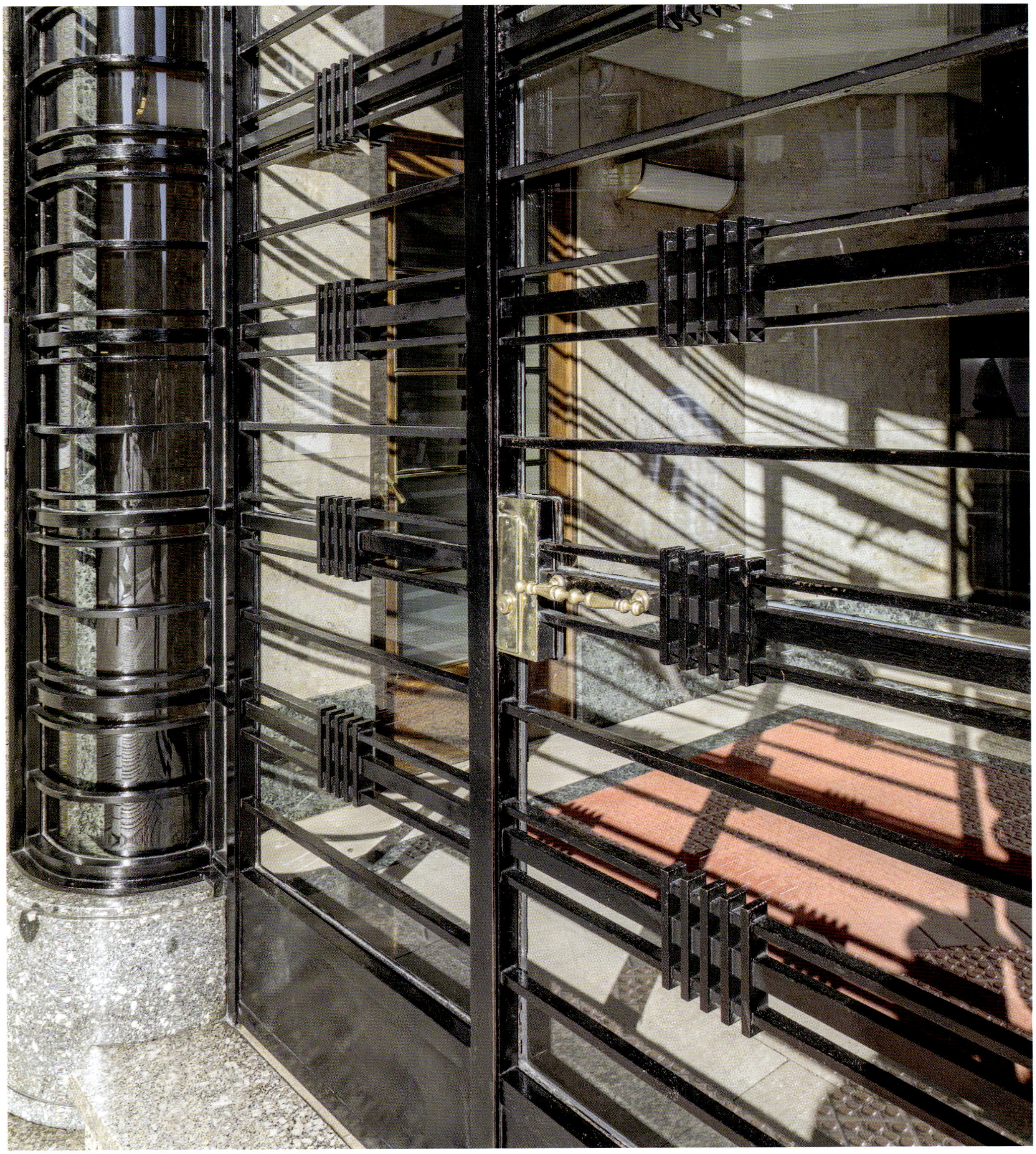

Entrance room

Sala de entrada

MATERIAL EXECUTION

The material execution of this building is extraordinary. Every element is executed with absolute precision, something only notable on a close inspection of the building. It is particularly remarkable that this level of accuracy is achieved in spite of the complexity of the building, particularly the facades. Composition and construction are here completely united. In other buildings, we will have a further chance to see how careful Galindez was with the material execution of his buildings.

SOBRE LA CALIDAD DE EJECUCIÓN

La calidad de la ejecución de esta obra es extraordinaria. Todo está modulado con excepcional precisión. Es absolutamente preciso observar de cerca este edifcio, a poca distancia, para percatarse de lo que aquí afirmamos. Y lo que resulta de particular interés, es que Galíndez ha sabido conciliar la complejidad del edificio, muy particularmente en las fachadas, con una ejecución impecable. El binomio composición-construcción está perfectamente articulado. En otras palabras, la meticulosa ejecución pone en valor toda una manera de aproximarse a la ejecución del edificio. En los sucesivos ejemplos, tendremos ocasión de comprobar el esmerado cuidado que Galíndez presta a la ejecución en sus obras.

Entrance room *Sala de entrada*

Entrance room

Sala de entrada

Vestibule

Vestíbulo

Vestibule *Vestíbulo*

H&M

LA AURORA BILBAO, 1934

LA AURORA BILBAO, 1934

THE IMPORTANCE OF PLACE

The building stands facing east onto Plaza Moyua which lies in urban expansion (Ensanche) of Bilbao. When Galíndez received the commission, some of the plots of land surrounding the square still had not been developed. The plot on which La Aurora was built faces an adjoining building, the square on its eastern side, with Gran Vía (the longitudinal axis of the 1876 expansion) to the north and Ercilla Street (one of the two diagonal streets that form a St. Andrews cross over the centre of the 19th century urban grid) to the south.

The site was thus of great importance, being at the heart of the 1876 urban expansion plan and it would become the centre of the city as it continued to be constructed during the early 20th century. The building was to accommodate the headquarters of an insurance company, Seguros La Aurora, as well as residential apartments. Hence, Galíndez had to consider carefully the building's function in its broadest sense, in other words, not just as a mere development of a program, but as an adequate expression for this location; so the relevance of function understood as representation. Namely that of how the architecture could most adequately express the purpose of the building and make best use of such a prominent site within the urban fabric.

In 1946, Galíndez received the commission to extend the building to the adjoining plot of land, to the back of the original structure. In the extension he used the same materials and composition as in the first building, only making some small changes in the fenestration.

LA IMPORTANCIA DEL LUGAR

El edificio se encuentra situado en la Plaza Moyúa (o Plaza Elíptica) del ensanche bilbaíno. Esta plaza constituye el centro de la ciudad del siglo XX, pero cuando se efectuó el encargo estaba aún sin edificar parte de su entorno. El solar, además del límite al este con la plaza y de la medianera de la manzana, está bordeado al norte por la Gran Vía (el eje longitudinal del ensanche) y al sur por la calle Ercilla (una de las calles diagonales a la trama reticular, que forman una cruz de San Andrés con centro en esta plaza).

No hay duda de la relevancia de este lugar, ya que es el verdadero centro del plan del ensanche de 1876, que estaba llamado a convertirse en el centro del futuro Bilbao, que por esos años se estaba construyendo. De aquí la enorme importancia para el arquitecto de prestar atención al desempeño adecuado de la función. La función entendida en sentido amplio, es decir, no sólo como mero desarrollo de un programa, sino como una expresión apropiada a este emplazamiento. Es decir, la relevancia de la función entendida como representación. El edificio habría de dedicarse a uso mixto de oficinas de la Compañía de Seguros Aurora y a viviendas.

En 1946, Galíndez recibió el encargo de ampliar el edificio con el lote contiguo, en la parte trasera de la estructura original. En la ampliación utilizó los mismos materiales e idéntica composición que en el primer edificio, llevando a cabo solamente pequeños cambios en la fenestración.

LA AURORA

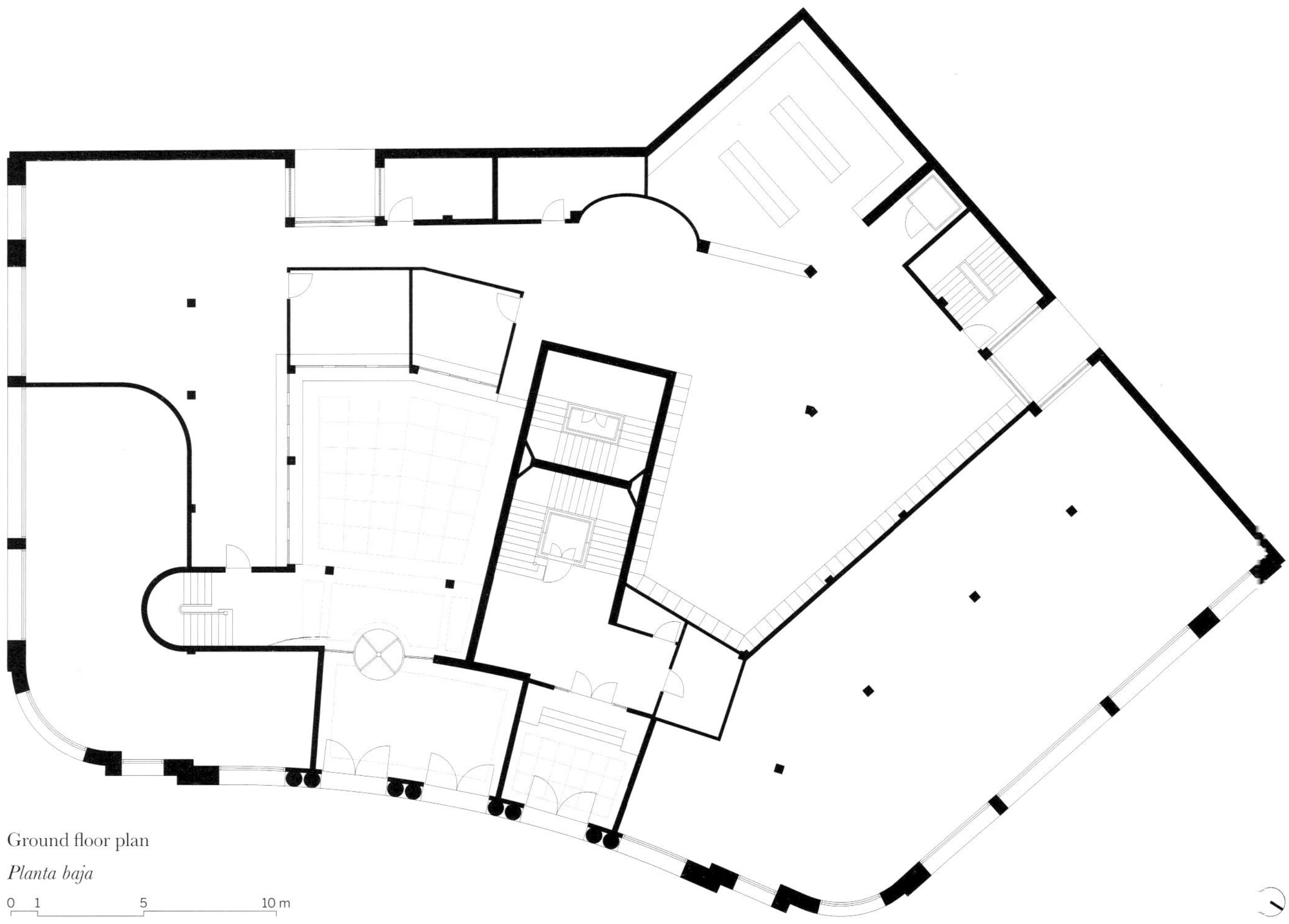

Ground floor plan

Planta baja

0 1 5 10 m

MASSING AND PLAN LAYOUT

The building occupies the eastern part of a trapezoidal plot with its shortest side forming a section of the perimeter of Plaza Moyua. It is in this side of the plot where Galíndez's building was to be constructed. The building is extremely compact and, as is common in Galíndez's work, it is carefully planned to maximise available space. The façade to the square and the flanking side elevations have a podium that comprises two storeys (ground and first floors). Above this are, on the side elevations, four storeys with a fifth recessed storey and, on the façade to Moyua, five storeys and a seventh recessed storey which is the tallest part of the building.

VOLUMETRIA Y PLANTAS DEL EDIFICIO

El edificio ocupa parte de la manzana en la que se inserta. La manzana tiene una planta trapezoidal, cuyo lado más estrecho es el que conforma parte del perímetro de la Plaza Moyúa. Es en esa parte donde Galíndez ha de edificar su proyecto. El edificio constituye un volumen de extraordinaria compacidad, aprovechando al máximo, como es habitual en Galíndez, la edificabilidad disponible. Las fachadas laterales, que enmarcan la frontal a la plaza, tienen el basamento (con planta baja y primera), cuatro plantas y una planta sexta retranqueada. La fachada frontal tiene el basamento (con las plantas baja y primera), cinco plantas y una séptima retranqueada. Al disponer de una planta más que las laterales se coloca como la parte más elevada de la volumetría del conjunto.

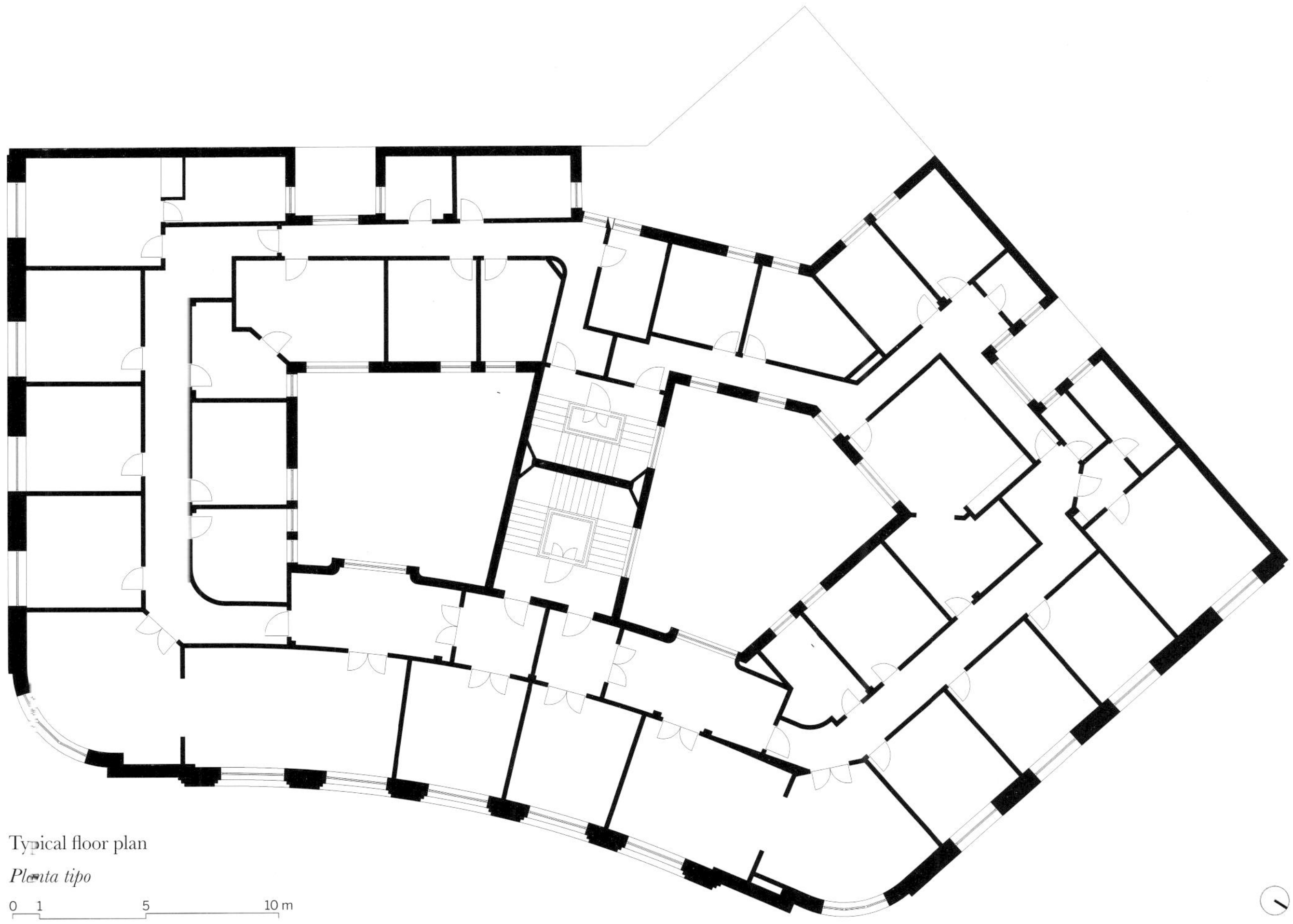

Typical floor plan

Planta tipo

0 1 5 10 m

The ground floor was intended to accommodate shops and the first floor designed as an open-plan space to be occupied with the company's offices, while the rest of the floors were originally occupied with large apartments, two on each floor in the original project. The layout of plan, organised around two courts, is fairly typical of similar residential buildings. The staircases are placed between the two courts leaving the perimeter of the building for rooms of regular sizes. It is a very conventional plan layout. When first built, the main entrance opened onto a monumental double-height hall, with a large mural painting over one of its walls reminiscent of the entrance lobbies of contemporary buildings in New York, although if has been sadly altered.

La planta baja está destinada a locales comerciales. La planta primera se dedica a oficinas, que Galíndez presenta con amplias estancias diáfanas. El resto de las plantas están dedicadas a viviendas. El proyecto original comprende dos amplias viviendas por planta. Ésta se configura en torno a dos patios, entre los que se colocan las escaleras, dejando el perímetro para las estancias, de dimensión homogénea. Es una distribución bastante convencional. El vestíbulo de acceso, antes de que fuera "redecorado", en doble altura, con un gran mural sobre una de sus paredes, adquiría una cierta monumentalidad y recordaba a los lobbies *de algunos edificios de la época en Nueva York, aunque desgraciadamente ha sido alterado.*

LA AURORA

Details of the entrance

Detalles de la entrada

Details of the entrance

Detalles de la entrada

LA AURORA

FAÇADES

The facades rest on a dark base which stands out of the rest of the building, which is clad in white stone. Galíndez changed the project several times before arriving at a final design, and was especially concerned with the crowning and the base of the building. One of the previous versions employs only a single storey podium and shows a mythological scene carved in the attic storey of the façade: Aurora flies across the sky announcing the sun, who follows her riding in his *biga*.

The building as finally constructed has a two-storey podium (ground and first floors, being the first one for offices), clad in green granite, with swirls similar to marble, and the rest of

DESCRIPCION DE LAS FACHADAS

Las fachadas se articulan sobre un basamento cuyo color, más oscuro, destaca del resto del edifico, aplacado con piedra blanca. Galíndez varió el proyecto hasta la propuesta final. Las variantes no sólo se centraron en la coronación o remate de la fachada principal, también incumbieron a otras partes del edificio, como el basamento. Uno de los bocetos previos para la coronación representaba a la Aurora, que precede al sol en su biga. Inicialmente el zócalo o basamento abarcaba solamente la planta baja.

El actual edificio, tiene sin embargo un basamento que comprende las plantas baja y primera –ésta para las oficinas– en granito verdoso, haciendo aguas, como si fuera un mármol. El resto del edificio está, como decimos, recubierto de piedra blanca. El basa-

Drawing showing the Aurora on the attic floor
© Archivo Municipal de Bilbao

Dibujo que muestra la Aurora en el piso ático
© Archivo Municipal de Bilbao

the building is clad in white limestone. The podium is composed of freely arranged classical elements, favouring the visual effects, colour and textures, over the use of an orthodox classical framework. For instance, on ground floor level of the podium there is a line of paired columns supporting an exceedingly thick architrave and a cornice. Above this, however, the first floor has the same material, but is a simple wall without a cornice. Over the podium, in the main façade facing the square, six pilasters rise standing directly on the upper part of the green granite wall.

There are in total four sets of paired columns on the ground floor framing the three entrance doors, forming a tripartite composition for the access, and for the rest of the main facade.

mento se concibe en términos más cromáticos, visivos o texturales, que en términos canónicos. Así la planta baja tiene una serie de columnas con un anchísimo arquitrabe y una cornisa, y sobre ella se levanta un piso de idéntico material y color, pero que no dispone ya de cornisa o remate alguno, es un muro. Sobre este piso arrancan las seis pilastras de la fachada a la plaza, apoyadas directamente sobre el final de ese muro de granito verde.

Las columnas de la planta baja se presentan pareadas. Son cuatro pares que enmarcan tres puertas, es decir, que forman una composición tripartita para el acceso, y por ende para la propia composición, simétrica, del resto de la fachada.

Creemos pertinente comentar, que con frecuencia se ha señalado en diversos artículos la belleza del mármol verde de esas columnas,

Elevation to Plaza Moyúa

Alzado a Plaza Moyúa

As noted above, although several authors speak of the building's green marble columns, they are not in fact marble but granite. Other writers have drawn a parallel between the façade of La Aurora and that of Adolf Loos's building in the Michaelerplatz, Vienna (1910-11). This comparison is understandable given the coincidence in the colours of the stone used: dark green in the two lower floors and white above. But the parallel cannot be sustained beyond this purely visual comparison, for the composition of each building is radically different. Although beyond the scope of this chapter, it would be an interesting exercise to analyse the differences between the Galíndez and Loos façades.

Galíndez designed a main façade facing the square. This façade projects beyond the rest of the building forming a central cuboid volume. In the side façades, the narrow surfaces on each side of that volume, towards Gran Via on the right, and towards Ercilla Street on the left, terminate against this central cuboid in curved corner bays, as do the recessed attic storeys on either façade.

The main façade is slightly concave and follows the curve of the wider Plaza Moyua which is laid in the shape of an oval. It has large single-hung windows between the fluted pilasters that rise from the base. The pilasters end before the last storey and the final row of windows rest on the thin cornice which tops the pilasters below the storey. The openings on the sixth storey are directly cut in the wall surface.

The sixth floor has a large wall surface, as it encompasses the parapet of the terrace on the attic storey. On this parapet Galíndez incised into the stone the name of the company that commissioned the building, Aurora, (which was removed later) and each of the six letters corresponds with one of the pilasters beneath. This lettering substituted the original design of the relief of Aurora guiding the sun in a biga. A line of medallions placed between the windows of the sixth floor complete the vertical composition.

The external elevations are crowned with very thin copings, which stress the flatness of the walls and highlight the horizontality of the top parapet. There are no cornices of any kind. In the side elevations, the upper recessed floors have a thin handrail on top of the coping, which emphasizes further this horizontality in the crowning stages of the building.

cuando, como decimos, no es mármol, sino granito. Y por otra parte son varios quienes han establecido un paralelismo entre la fachada a la plaza de este edificio y la fachada, hacia el Hofburg de Viena, del edificio que Adolf Loos construyó en Michaelerplatz en 1910-11. Es comprensible la comparación con el caso vienés, por el recurso al cromatismo: verde en las plantas bajas, y blanco en las superiores. Sólo hasta ahí. Pero no es justificable sostener esta comparación más allá, porque son planteamientos radicalmente distintos, resueltos de modos también radicalmente diferentes entre sí. Valdría la pena describir las diferencias entre el edificio de Galíndez y el de Loos, pero consideramos que no es esa la cuestión en este texto.

Galíndez propone de este modo una fachada principal a la plaza. Esta composición constituye el frente de una "caja", en otras palabras, de un volumen que se adelanta desde el volumen general del edificio. Los estrechos paños a cada lado de esa caja, a la derecha hacia la Gran Vía y a la izquierda hacia la calle Ercilla, recogen las fachadas laterales, que se entregan a esa caja curvándose. También se entregan a la caja los últimos pisos áticos de esas fachadas laterales.

La fachada principal sigue la curvatura de la plaza formando una superficie cóncava, con aperturas de anchos ventanales de carpintería de guillotina. Estas ventanas se insertan entre las pilastras acanaladas que arrancan en el basamento. Se detienen antes del último piso, en una cornisa muy tenue, de forma que las ventanas del siguiente piso, el sexto, se recortan directamente en la superficie de fachada.

Este sexto piso dispone de una amplia superficie de pared, al extenderse ésta hasta formar el antepecho del ático; es allí donde coloca cada letra de la palabra Aurora (hoy en día ha desaparecido) labradas en la piedra, correspondiendo a cada una de las pilastras antes mencionadas. Ese rótulo sustituía a la escultura alusiva a la aurora guiando al sol en su biga, inicialmente proyectada. Unos medallones situados inmediatamente sobre las pilastras ayudan a completar la composición en vertical.

Las fachadas se terminan en unas delgadas albardillas, que acentúan el carácter de lisura de las superficies, y la marcada horizontalidad de los remates con el cielo. No hay cornisas de ningún tipo. En las fachadas laterales, los últimos pisos retranqueados disponen de una discreta barandilla sobre la albardilla, que en nada disminuye ese carácter de horizontalidad; al contrario, lo subrayan.

 LA AURORA

GUESS
BOSS

© José Miguel Llano

 LA AURORA

The approach to composition in this building is very similar to that seen in other designs by Galíndez. Such as the podium, an element clearly distinct from the rest of the building which supports the main ornamental features that articulate the facade, namely the pilasters; and the very thin band of stonework beneath the windows, immediately over the podium, is interrupted by the bases of the pilasters, so that these rise freely as completely autonomous elements.

The side elevations are flat surfaces that recess and curve as they approach the façade, emphasizing the autonomy of each elevation. These curved transitions between the elevations appear, when seen from the square, as extensions of the main façade and allow for the introduction of different curved fenestration fitting for this prominent position. There are similarities to other buildings in urban corners designed

Estamos ante un caso con mecanismos de composición similares en muchos sentidos a los ya vistos anteriormente. Así, la utilización de un basamento claramente diferenciado como tal, el sentido de apoyo sobre este basamento de los elementos más singulares de articulación de la fachada principal, como son las pilastras, y, de hecho, los estrechos antepechos de las ventanas inmediatamente ubicadas sobre el basamento se tratan como consolas independientes, que no llegan a tocar a las pilastras en su apoyo, dejándolas arrancar sin aditamentos.

Las fachadas laterales son superficies planas, que, al recogerse contra la fachada principal, retroceden para curvarse, afirmando el valor de planos, o superficies autónomas, y recurriendo mediante ese subterfugio a un tránsito que permite otra fenestración, más acorde con la de la fachada principal; de esta manera, esa curva de las fachadas laterales, que se ve desde la plaza, pasa a formar

LA AURORA

by Galíndez in the 1930s, such as La Equitativa and Hormaeche House, where he also curves the corner and places windows on the curved surface. At the Aurora building, however, the corners are recessed, breaking the continuity of the two adjoining elevations. Other common features are light ironwork designed for the entrance door and vestibule, the staircase and the banisters.

There is a correlation between the vertical composition of the podium and the rest of the facade. The central part of the podium projects slightly in line with the six pilasters and their cornice, which stand on it, and this forms a whole motif which appears as though it was added to the facade. The four central pilasters align with the paired columns in the podium beneath and the outer pilasters with two wide *antae* which terminate the ground floor portico. The columns of this portico are simple shafts with entasis but without bases or capitals. They have a discreet base shared by each pair of columns. Using such plain columns is not something new in the history of architecture and here it is coherent with the freely applied classical vocabulary employed by Galíndez, which itself draws on the aesthetic of the Art Déco style. The column shafts have no capitals, have entasis, and according to their proportions can be placed in the universe of the Roman Doric order.

parte de la fachada principal, sin serlo realmente. El edificio tiene similitudes especialmente con otros edificios en esquina realizados por Galíndez en los años 30, como son La Equitativa y la casa Hormaeche. Como en éstos, en la esquina curva se colocan ventanas. Otros elementos en común son las ligeras carpinterías del portal, las barandillas y arranques de escaleras. También como en otros edificios suyos, el plano de fachada se retranquea ligeramente en la esquina curva, rompiendo la continuidad de las dos fachadas que se encuentran.

Se da una correspondencia entre los elementos de la composición vertical del basamento y del resto; así, resaltando ligeramente el basamento, Galíndez hace que las seis pilastras y su cornisa se lean como un motivo superpuesto desde el suelo de la calle a toda la fachada, como un pórtico pegado. De este modo las pilastras de los extremos se corresponden con machones en planta baja, y el resto con columnas pareadas. Unas columnas que parecen más bien fustes de columnas, es decir, desprovistas de capitel. Tienen una discreta basa compartida por cada par de columnas. No es nueva en la historia de la arquitectura la utilización de columnas desprovistas de basa y de capitel, y reducidas a un simple fuste. Aquí es un acto muy en sintonía con la voluntad de Galíndez de presentar un edificio con ciertas licencias, es decir, muy en sintonía con la estética Art Déco. Las columnas, o más precisamente los fustes, que tienen éntasis estarían, por sus proporciones, en el universo del doricismo romano.

QUALITY OF EXECUTION

As in the other works by Galíndez presented in this volume, it is worth pointing out the extraordinary quality of the construction. A level of quality, which goes beyond the mere accurate laying of each architectural element. In Galíndez the accurate construction goes hand in hand with an extreme care for how each element relates to the others and the whole, that is the broader architectural composition. It is necessary to observe building closely to understand this point.

In addition, the quality of the materials used here should be highlighted: the granite in the lower floors, the limestone in the rest, ironwork in doors and banisters, etc. This combination of the extreme care both for construction and composition is not very common amongst the principal architects of the 20th century, and is one of the most distinctive and outstanding qualities of the work of Galíndez. Finally, although this building could be classified stylistically as belonging to the Art Déco movement, it is important to remark that the free application of stylistic elements used by Galíndez, such as the columns without capitals, shows a mannerist attitude; which is relatively frequent in many cases of the greatest architects, since the early years of the 16th century.

SOBRE LA CALIDAD DE EJECUCION

Como en los ejemplos anteriores se ha de destacar la extraordinaria calidad de la construcción. Calidad que va más allá de la mera colocación precisa de los elementos, ya que el cuidado de la construcción va parejo con una exquisita atención a la composición. De tal modo que se cuida la ubicación de cada elemento constructivo dentro de un marco compositivo. Es preciso observar el edificio de cerca para percatarse de lo que aquí decimos.

Además de esa precisión, se ha de destacar la calidad de los materiales: el granito del basamento, la piedra de fachada, la herrería de las puertas y barandillas de las ventanas, etc. Este aspecto de la extraordinaria atención prestada a la construcción-composición en el caso de la obra de Galíndez, no es tan frecuente entre los mejores arquitectos del siglo XX. Es precisamente esa atención a ese binomio (construcción-composición) uno de los rasgos más importantes de este arquitecto. Añadir que si bien este edificio podría adscribirse estilísticamente al Art Déco, creemos importante señalar que muchas de las "licencias" que Galíndez adopta (como las columnas "descabezadas") pertenecen a una actitud netamente manierista; algo, por otra parte relativamente frecuente, en muchos casos de grandes arquitectos desde los inicios del siglo XVI.

LA EQUITATIVA
randstad

LA EQUITATIVA BILBAO, 1934

THE IMPORTANCE OF THE PLACE

This building also lies on a corner, here formed by the intersection of Colón de la Larreátegui Street and Alameda Mazarredo street. This latter street lies on the west border of the Albia Gardens, so that one elevation of the building overlooks this open space.

Galíndez was perfectly aware of the significance of this location: not only would the building face Alameda Mazarredo street, one of the principal streets of the city centre, and the adjoining gardens, but it would also lie close to Gran Vía, which as noted in previous chapters, is the main axis of the nineteenth-century expansion of Bilbao.

Describing his design in the journal *Propiedad y Construcción* in April 1934, the architect wrote:

> *"Expressing that part of the building is used as the offices of La Equitativa (Fundación Rosillo), the ground floor is completely open to the street so that it receives the maximum natural light and the it hangs over the rest of the facade all that the planning regulations allowed, as this floor is the most economically profitable".*

LA EQUITATIVA BILBAO, 1934

LA IMPORTANCIA DEL LUGAR

Éste es también un edificio en esquina: la formada por las calles Colón de Larreátegui y Alameda de Mazarredo; esta última es a su vez el borde oeste de la plaza de los Jardines de Albia, haciendo por ello que la fachada a esta calle lo sea a estos jardines.

Galíndez era perfectamente consciente de la relevancia de este lugar. No solo por estar en la importante Avenida de Mazarredo y frente a los Jardines de Albia, sino que además está muy próximo a la Gran Vía, que como ya hemos comentado es la arteria central del ensanche.

Galíndez comentaba de este edificio en la revista Propiedad y Construcción *de abril de 1934:*

> "Acusando la utilización de parte de este edificio para las oficinas de La Equitativa (Fundación Rosillo), se han tratado en planta baja los huecos totalmente corridos, procurando su mayor iluminación y utilizando en esa altura los máximos vuelos que el Ayuntamiento autoriza, ya que dicha planta es la de mayor rentabilidad".

> "Su emplazamiento ha sido también punto de partida en la disposición general del edificio. Es frecuente y

LA EQUITATIVA

View from Gran Vía

Vista desd la Gran Vía

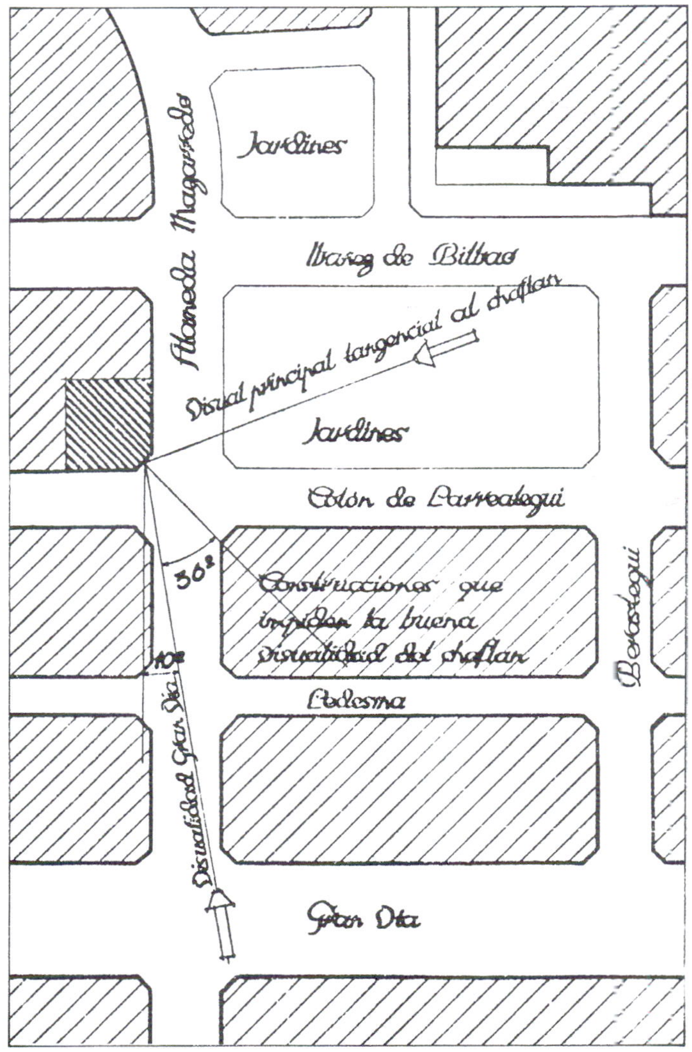

Plano by the author

Plano del autor

"The location of the building has been a starting point for the general layout of the building. It is frequent and even boring the way in which our 5 metre long chamfer is usually arranged, with a symmetrical and monumental theme in the corner with its symmetry axis in the bisector of the angle formed by the two elevations. Towers, turrets, gables and, of recently, curved solutions, have been typically our answers in similar cases".

"This is a reasonable answer when there is a similarity between the two streets that form the angle and when there are good view points away and perpendicular to that chamfer. However, in the present case there are none of these circum-

hasta monótono, en nuestro clásico chaflán de 5 metros, la solución simétrica de esquina con un tema importante tratado en la bisectriz del ángulo que forman las dos fachadas. Torres, torrecillas, espadañas, soluciones en curva últimamente han sido siempre nuestra preocupación en casos semejantes".

"Esto razonadamente debe corresponder a un cierto equilibrio entre las calles que forman el ángulo y a buenos puntos de vista lejanos en la normal a dicho chaflán. Mas en el caso presente no concurre ninguna de estas circunstancias; las calles son relativamente

stances; both streets are relatively narrow: 15 metres Colón de Larreategui and 18 metres Alameda Mazarredo and, above all, the main visual axes that I think should be taken into account are Gran Vía 26, almost perpendicular with the left elevation and which forms an angle of 26º more with the perpendicular to the chamfer than with the facade, as it can be seen in the attached scheme (previous page). *I think it is even more important the fact that the main views of the building are from the Albia Gardens, perpendicular to the main facade and completely tangent to the chamfer".*

"These reasons, together with the fact that the plan layout balances the two sides of the building, as the double window in the angle allows the houses to Colon de Larreategui street to have views to Albia Square, have led me to adopt this solution of creating a double corner".

"Apart from these functional and technical reasons, I have tried to make the facade more monumental and richer than what it is usual in residential buildings, including in it elements which are not typical of them, such as the tower, the clock, the flag mast and the large parapet for the company´s lettering, etc. The arrangement of the facade makes evident the stone cladding".

"The floor plan has no particular feature, apart from the double corner mentioned above, and it is a little bit cramped as the lot of land is small to accommodate apartments of the importance that this location requires".

In this writing Galíndez calls ground floor what we would call the first floor, the one occupied with offices.

From his writings, it is clear how important the location of the building was for Galíndez, both from the point of view of its impact on the city and perception by the pedestrian, and from that of its dwellers and their relationship to the urban environment.

estrechas:15 metros de Colón de Larreátegui y 18 la Alameda de Mazarredo y, sobre todo, las visuales principales que creo hay que tener en cuenta al hacer el estudio son la Gran Vía, 26 casi normal a la fachada izquierda y que forma un ángulo de 26° más con la normal al parámetro del chaflán, que con la normal al parámetro de la fachada, conforme se ve en el adjunto croquis *(página anterior)*, y, por otra parte, aún creo más importante el que las principales vistas estén lejos desde los Jardines de Albia normales a la fachada principal y tangenciales totalmente al parámetro del chaflán".

"Estas razones, unidas a que en planta la solución adoptada establece un cierto equilibrio entre las dos manos de la vivienda, toda vez que con el doble hueco de ángulo la vivienda a la calle Colón de Larreátegui tiene vista a la plaza de Albia, me han guiado a adoptar la solución, por decirlo así, de doble ángulo".

"Aparte de estas razones, que pudiéramos llamar de carácter técnico, se ha procurado dar una mayor monumentalidad y riqueza a la fachada que en una casa destinada a vivienda, dotándola, además, de elementos no propios de ésta, como son la torre, el reloj, asta de bandera, un gran paño destinado a rótulo, etc. La simple inspección de la fachada acusa, por su disposición, el aplacado de piedra".

"Ninguna característica especial presenta la planta, aparte de la solución de chaflán anteriormente indicada, un poco congestionada por resultar el solar más bien reducido, dada la vivienda que corresponde a un emplazamiento de su importancia".

Téngase en cuenta que en esta cita, cuando Galíndez se refiere a la planta baja, es lo que conocemos como planta primera (la destinada a oficinas).

Queda bastante patente la preocupación por el lugar en que se sitúa el edificio. No sólo desde el punto de vista de su impacto en la ciudad, de la visión del viandante, sino también del propio morador hacia fuera, hacia la ciudad.

 LA EQUITATIVA

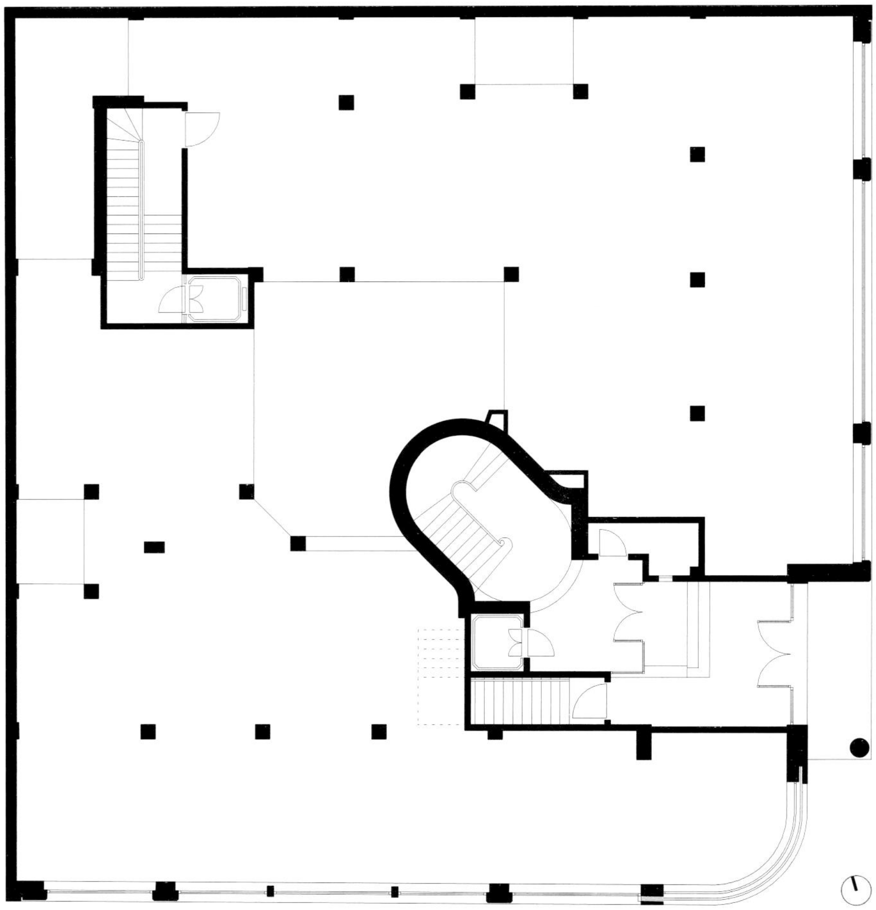

Ground floor plan

Planta baja

0 1 2 5m

MASSING AND PLAN LAYOUT

As in his other buildings, Galíndez made the most of the lot of land available and skilfully worked around the planning regulations impacting the floor area. The result is an extraordinarily compact building. As he had at Hormaeche House, he placed the stairwell almost at the centre of the plan, away from the access from the street. This left a long space connecting the entrance door to the stairs which Galíndez eased by dividing it into two distinct spaces, namely an entrance hall which then leads through a gate to an inner vestibule. It was a solution which offered both elegance and simplicity, as we shall see.

The most singular element of this work is the design of the corner, which looks like a tower. More precisely, he wants to suggest the existence of a tower, of an element that marks the exceptional importance of the building.

VOLUMETRIA Y PLANTAS DEL EDIFICIO

Parece interesante resaltar cómo Galíndez aprovecha al máximo la disponibilidad de suelo y de edificabilidad. El resultado, al igual que en la Casa Hormaeche, es un edificio de extraordinaria compacidad. Para ello, entre otras acciones, coloca la caja de escalera en una posición muy profunda, es, decir muy alejada del acceso desde la calle; casi en el centro del solar. De ahí surge la necesidad de un dilatado tránsito desde la puerta de la calle hasta el primer peldaño de la caja de escalera, con la correspondiente secuencia del portal, la cancela, y su correspondiente vestíbulo. Todo ello resuelto con elegancia y sencillez, como veremos más adelante.

La singularidad de esta obra radica fundamentalmente en el tratamiento de la esquina, que se asemeja a una torre. O más precisamente, que quiere sugerir la existencia de una torre, de un hito, que marque la excepcionalidad de este edificio.

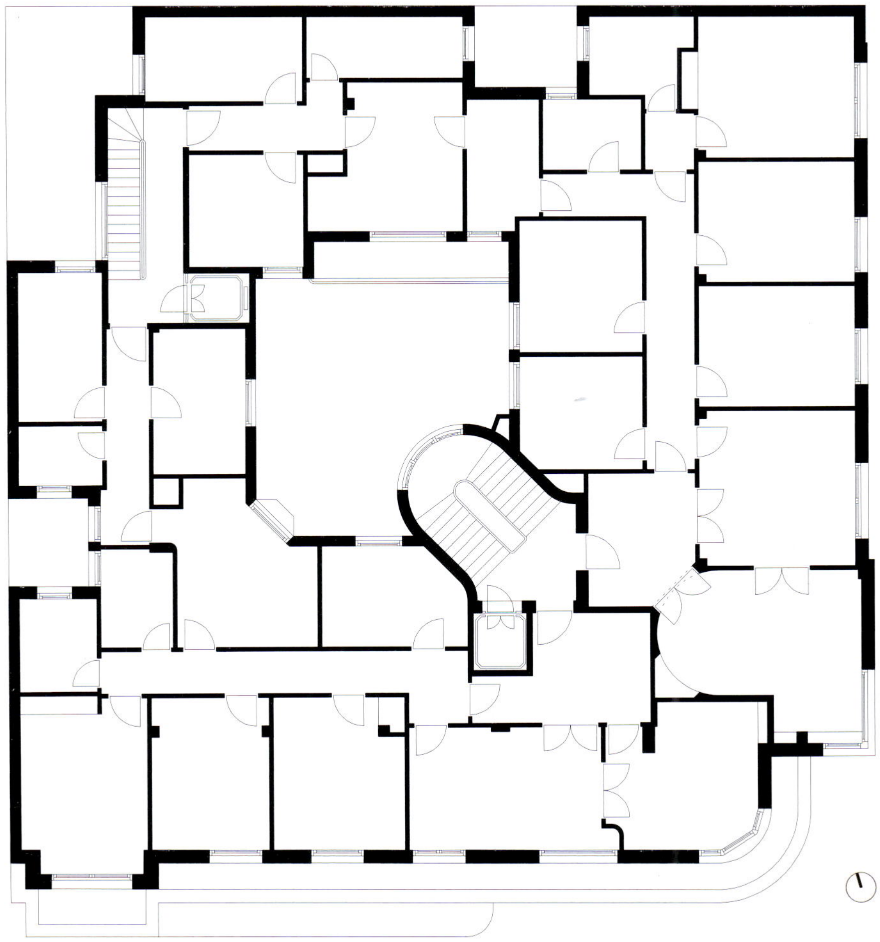

Typical floor plan

Planta tipo

The entrance to the building is on Alameda Mazarredo street, almost where the five metre-long chamfer that the urban planning required would have been. The entrance door is just under the "tower" and the staircase is in the bisector of the corner angle.

As at Hormaeche House the building accommodates the offices of its commercial occupier, La Equitativa, on the first floor and residential apartments on the remaining floors.

The first-floor layout is open plan office space. The residential floors are laid out on a strictly rational basis, with rooms of a standard size facing the streets and ancillary rooms at the rear of the building.

La puerta de acceso se sitúa en la Alameda de Mazarredo, prácticamente en lo que hubiera sido el chaflán de los cinco metros que establece la ordenanza. Coloca la puerta justo debajo de la "torre". Sin embargo, la escalera se coloca en la bisectriz del ángulo formado por las fachadas.

El edificio se destina a oficinas de la compañía La Equitativa en la planta primera, y a viviendas en el resto de las plantas, como ocurría en el edificio que hemos visto anteriormente.

La planta primera se presenta diáfana para el uso de oficinas. La organización de las plantas de vivienda es absolutamente racional, como no podía ser de otro modo; se organizan con estancias de tamaño sensiblemente homogéneo; destinando la parte más profunda del solar, la opuesta al acceso, para habitaciones auxiliares y servicio.

LA EQUITATIVA

Elevation to
Colón de Larreátegui Street

0 1 2 5 m

Alzado a la calle
Colón de Larreátegui

DESCRIPTION OF THE ELEVATIONS

The horizontal row of windows on the first floor (which Galíndez refers to as ground floor) both provides a strong source of natural light and reveals that the walls are not structural. In terms of composition, it separates the building into two parts with the ground and first floors acting as a plinth on which the upper part of the building rests. This first

DESCRIPCION DE LAS FACHADAS

La franja horizontal de ventanas corridas, en la planta primera (la que él denomina baja), permite una mayor iluminación, y evidencia la construcción no muraria del edificio. Pero sobre todo separa la composición que se sucede hacia arriba, operando, visualmente, a modo de basamento, o franja-cornisa de apoyo y diferenciación. Más aún, habida cuenta que en esa franja el muro sobre la ven-

floor has a stone course at the bottom, above which runs the uninterrupted row of windows, and over this another stone course that forms the parapet of the windows and balconies of the following floor. Incorporating the parapet allows this wall surface to be wider and thus to be visually more powerful, again a similarity in treatment to the first floor of Hormaeche House. The coping and over this parapet runs around the whole perimeter of the building, and it serves as

tana encierra el antepecho de las ventanas de la planta siguiente, dotando al muro sobre la ventana corrida de mayor superficie, lo que, ópticamente, redunda en una mayor potencia de la franja. Es algo análogo a lo realizado en la planta primera de la Casa Hormaeche. La albardilla colocada sobre este antepecho recorre todo el perímetro de la fachada, pasando a ser el alféizar de las ventanas de planta segunda. Es la única línea horizontal que recorre toda la fachada sobre la planta baja, yendo de medianera a medianera.

LA EQUITATIVA

the sills of the windows in the second floor. This is, in fact, the only horizontal line that runs along the entire façade, from party wall to party wall.

It is fundamental to this design that the tripartite horizontal strip of the first floor is visually strong. Thanks to this, and to the black colour of the ground floor, the structural support of the "tower" seems to fade away almost to nothing. Indeed, as the corner of the "tower" reaches the ground floor it is transformed into a column.

Galíndez once again uses the angled window that we have seen in the building on the corner of Alameda de Urquijo and Padre Lojendio streets.

Es fundamental que esta franja horizontal (de la fachada de la planta primera) adquiera fuerza visual. Porque con ello, y con el color negro del zócalo, se hace desvanecer el apoyo de la "torre" en el suelo. Apoyo que realmente no existe, ya que la arista de la "torre" se transforma en una columna al llegar a la planta baja.

Galíndez vuelve a utilizar la ventana en ángulo que hemos visto en el edificio de la esquina de Alameda de Urquijo y Padre Lojendio.

Sin embargo, la "torre" presenta un aspecto totalmente murario, a pesar de que las ventanas en ángulo (como antes la ventana corrida de las oficinas) denuncian que ello no es así. Esta alargada caja se eleva casi dos pisos más que el último nivel de las

The "tower" seems to be constructed of solid load-bearing walls, despite the fact that the large corner windows make clear that this is not the case. The tall cuboid volume rises almost two floors over the rest of the building and its upper part is not pierced by the corner windows, making it look more like a "tower".

It is worth observing again how the "tower" does not continue down to street level but instead halts at the bottom of the first floor, the corner then turning into a fluted granite column and the sides of the "tower" disappearing to create a recess for the entrance. This small threshold before the entrance is paved with black granite with its perimeter corresponds with the footprint of the "tower"; it is a black rectangle on this ground floor with a column in its corner. Visually,

viviendas, y, al no perforar en esa elevación la arista, se acentúa aún más su carácter de "torre".

Vale la pena observar con atención, cómo la "torre" no continúa sus muros hasta el suelo; se detiene en la franja horizontal de las oficinas; la arista se transforma en una columna de granito con estrías, y los planos que formaban la arista desaparecen, produciendo un retranqueo para la entrada al portal. En el umbral de la puerta de acceso hay una grada de granito negro, cuyo perímetro se corresponde con la proyección de los planos que conforman la arista de la "torre", y que encierra en su extremo esa columna. Podríamos decir que la "torre", que no asienta en la tierra, lo hace (visualmente) en la franja horizontal de las oficinas; y para olvidar el auténtico asiento del edificio en el suelo, la planta baja anula su presencia por medio

7

then, the "tower" does not rest on the floor but on the powerful horizontal strip formed by the first floor and, in order to obliterate completely the true support of the building at street level, the ground floor of the elevations are covered in black granite and thus concealed. The beautiful black granite used is from Scandinavia and Galíndez had previously used it in the Banco de Vizcaya in Madrid.

The elevation to Colón de Larreategui street curves as it approaches Mazarredo street and terminates against the wall of the corner "tower", which is a flat surface. This arrangement echoed in the smaller balconies of the third, fourth and fifth floors to Colón de Larreategui terminating curved against the façade to that street. This succession of curves creates visual dynamism which leads the eye towards the "tower" and makes use of contemporary architectural language.

de la utilización del color negro del granito de Escandinavia, un material por otra parte de extraordinaria belleza, muy querido por el arquitecto, que ya lo había utilizado en el Banco de Vizcaya de Madrid.

La fachada a la calle Colón de Larreátegui, al llegar a la altura de la Alameda de Mazarredo se curva, pero al hacerlo en un plano más retrasado que el de la fachada a la avenida de Mazarredo, se puede recoger contra el muro de la "torre". Ello permite crear una fachada que se curva en el extremo, contra una superficie recta, al igual que lo hacen los balcones de las plantas tercera, cuarta y quinta de la calle Colón de Larreátegui, que se entregan con su final curvado contra la fachada de esa calle. Estas "entregas", además de ser lingüísticamente una manera más contemporánea, acentúa el dinamismo de esa fachada hacia la "torre".

Elevation to Jardines de Albia — *Alzado a los Jardines de Albia*

We can see here that Galíndez is moving away from the classical tradition, subverting its most basic rules of composition. While classical architecture tends to express vehemently the foundation and structural support of buildings through the use of plinths and basements, Galíndez here followed contemporary aesthetic trends, playing with the illusion of the building appearing as though it is floating over the floor.

Vemos aquí cómo Galíndez está alejándose de la tradición clásica, al subvertir sus normas compositivas más elementales. Si bien la arquitectura clásica expresa con rotundidad el soporte estructural de los edificios, y su apoyo en el suelo a través de zócalos y basamentos, Galíndez, siguiendo tendencias estéticas del momento, juega con transmitir la ilusión de que el edificio apoya, sin hacerlo, sobre la calle.

LA EQUITATIVA

In Alameda Mazarredo Street Galíndez projects the four floors above the first floor as a shallow cuboid which also terminates against the tower. In this way the corner is not simply the result of adding an extra floor above the corner of the site, as is usually the case in Bilbao´s nineteenth-century architecture, but rather it seems to be an independent volume emerging from the rest of the building. This is successfully achieved through Galíndez's use of several plains ending against the tower.

The exterior walls are clad in white stone, and the casement windows that open have timber joinery in the residential floors and iron joinery in the first floor.

En la Alameda Mazarredo, Galíndez, al volar los cuatro pisos de viviendas forma una caja que también se recoge contra la "torre". De este modo la "torre" no se muestra como el resultado de añadir un mayor volumen en la esquina, algo bastante común en el ensanche, sino que produce la impresión de existir tras las fachadas, como una torre realmente autónoma. El mecanismo de las entregas contra los planos de la torre ha operado este exitoso efecto.

La fachada está aplacada en piedra blanca, y en ella se recortan los huecos de las ventanas, que tienen carpinterías de guillotina en madera para las viviendas y metálicas para las oficinas.

Las fachadas, en las dos calles, tienen una planta (la sexta) ligeramente retranqueada, y remontada por una séptima planta ático

The sixth floor is recessed to both streets and surmounted by a further recessed attic floor. In both elevations these upper floors terminate against the tower.

In this building Galíndez showed his sensitivity and respect towards the traditional city. In this sense, it is remarkable how elegantly he tied his building to the adjoining one, placing the stringcourse that runs over the office floor at the same height as the impost over the basement of the existing building. Both imposts meet in the party wall connecting visually the two buildings (photograph in previous page).

To conclude with the exterior, it is worth noting again how the tower serves as a landmark in the city. On it Galíndez

mucho más retranqueada. En ambas fachadas, estas plantas altas se entregan contra la "torre".

Galíndez muestra su habitual sensibilidad hacia el entorno urbano, atando su edificio al contiguo con elegancia. Porque coloca la línea de albardilla-alfeizar sobre la planta primera a la misma altura que la imposta del basamento del edificio preexistente, encontrándose ambas en la medianera (fotografía página anterior).

Para concluir con el exterior, vale la pena señalar nuevamente cómo la torre sirve como un hito en la ciudad. Sobre él, Galíndez colocó una estatua que representa la Equidad y en su parte superior colocó un mástil y un reloj.

Detail of the entrance door

Detalle de la puerta de entrade

placed a statue representing the Equity and in its upper part he placed a mast and a clock.

Inside, the carefully designed entrance is also worth analysing. It has an interesting layout with two gates, an exterior one and an interior one. The interior one forms a glass box with brass joinery that projects into the vestibule from the staircase landing. It rests on a stereobate which has three steps leading down to the vestibule and another staircase in

Resulta muy interesante la disposición del portal, a pesar de su sencillez de tratamiento, con una puerta a la calle y otra interior, a modo de cancela. Ésta se asoma sobre el vestíbulo, inserta en una caja de vidrio, con carpintería de latón, que descansa sobre un estereóbato, con peldaños en su frente, y con la escalera de descenso al sótano en su lateral. Tras esta cancela aparece la caja de escalera, siguiendo la dirección de la bisectriz del ángulo formado por las fachadas, y es en ese pequeño espacio donde se resuelve el problema de los cambios de ejes con gran saber. Los li-

Entrance room

Sala de entrada

its side leading to the lower basement door. This interior gate leads to the staircase, following the bisector line of the corner angle, and it is in the reduced space of the staircase where the problem of the different directions between the diagonal and parallel axes is very skilfully solved. The light glass, brass and iron elements of both gates allow a great transparency towards the Jardines de Albia.

The staircase has a wide brass handrail, very common in the stairs by Galíndez, which finishes at the bottom in a ball newel finial of the same material, somewhat reminiscent of Cubist and Art Deco designs. The floor is paved with green granite and the walls are covered with light beige *stucco lustro*. The door, lamps, doorbell and other elements are preserved intact.

geros elementos metálicos, tanto de la cancela, como del vestíbulo, permiten una gran transparencia hacia los Jardines de Albia.

La escalera tiene un ancho pasamanos de latón (muy habitual en las escaleras de este arquitecto) que se apoya en una bola del mismo material, de forma similar a algunas soluciones cubistas y Art Dèco. El suelo es de granito verde, y las paredes de stucco lustro *de color beige claro. La puerta, lámparas, timbres, etc. se conservan intactos.*

Detail of the ceiling *Detalle del techo*

Entrance room *Sala de entrada*

Vestibule

Vestíbulo

QUALITY OF EXECUTION

The elevations of the building are patterned in an absolutely rigorous way. And the execution, as usual, is very careful. The sober and strong massing is reminiscent of the work which some Italian architects were producing in the same years. Some authors have pointed out the likely influence of the architects of the Grupo 7 and MIAR (Movimiento Italiano per l´Architettura Razionale) founded respectively in 1926 and 1930, with prominent figures such as Luigi Figini, Guido Frette, Gino Pollini, Giuseppe Terragni, o Adalberto Libera. There is no doubt that the *Prima Exposizione Italiana di Architettura Razionale* of 1928 was an influential milestone in the development of European architecture. And we also know that Galíndez travelled abroad frequently and was open to incorporating different influences, besides Spanish and Basque, into his work.

LA CALIDAD DE EJECUCION

El edificio tiene las fachadas moduladas con absoluto rigor. Y la ejecución, como es habitual, es muy esmerada. La severidad volumétrica de este edificio recuerda algunas obras de los italianos de esos años. Algunos han señalado una posible influencia de los arquitectos adscritos al Grupo 7 y al MIAR (Movimento Italiano per l´Architettura Razionale), fundados en 1926, y 1930 respectivamente, donde destacan figuras tan relevantes como Luigi Figini, Guido Frette, Gino Pollini, Giuseppe Terragni, o Adalberto Libera. No cabe duda de que la Prima Exposizione Italiana di Architettura Razionale *de 1928, supuso un hito muy importante en la arquitectura europea. Y sabemos de cómo Galíndez que viajó por toda Europa, fue susceptible a diversas influencias, más allá de las españolas o las vascas.*

Detail of vestibule

Detalle del vestíbulo

Landing from vestibule

Arranque de escalera desde el vestíbulo

BAILÉN TOWER
BILBAO, 1940

TORRE BAILÉN
BILBAO, 1940

THE IMPORTANCE OF THE PLACE

This is one of the first buildings that Galíndez designed after the end of the Spanish Civil War. It stands on the west side of the river, close to the site of the Arenal Bridge, which had been destroyed during the war. Galíndez decided to re-structure this area by rebuilding the suburban Bilbao-Santurce railway station underground. This served to free up the space over the station, creating a spacious open plaza. This plaza by the river affords a privileged view of the old city and is a podium on which some magnificent buildings rest, including the Sociedad Bilbaina Club and the Santander train station.

The building occupies part of a long, narrow sliver of land, running parallel between the river and Bailén Street. The lot is at the end of a row of buildings that Galíndez extended and finished with a slender tower, which faces the podium mentioned above.

Galíndez's rebuilding of the train station underground, creation of the plaza and building of the tower was an exceptional exercise of urban design that notably improved this part of the city. However, it was a challenging and risky operation because of the visual impact caused by erecting a tall building that could seem out of place.

Apart from this aesthetic challenge, Galíndez also rose to the structural task of having to accommodate the railways under the tower. This was achieved by using long-span

LA IMPORTANCIA DEL LUGAR

Este es uno de los primeros edificios de Galíndez construido al término de la Guerra Civil. Está ubicado en la margen izquierda de la ría, junto al puente del Arenal, que había resultado destruido en la contienda. Galíndez decide reestructurar esta parte de la ciudad, para lo que propone soterrar la estación del ferrocarril de cercanías de Bilbao a Santurce. De este modo genera, sobre la estación, una espléndida terraza-plataforma. Surge así un mirador sobre la parte antigua de la ciudad, y un zócalo o apoyo de espléndidos edificios como la estación del ferrocarril a Santander y la sede de la Sociedad Bilbaína.

El proyecto se desarrolla sobre un lote alargado y muy estrecho, entre la ría y la calle Bailén. El lote contiene una hilera de edificios, que Galíndez propone prolongar y rematar con una esbelta torre. Ésta se enfrenta a la terraza-plataforma antes mencionada.

La acción de eliminar el edificio de la estación, soterrándola, de crear la plataforma-mirador y de construir una torre, constituye un excelente ejercicio de diseño urbano. Con ello, esta parte de la ribera izquierda de la ría quedaba sustancialmente mejorada. Con todo, la construcción de una torre constituía un verdadero reto, por lo que puede suponer de impacto visual, es decir, por el riesgo de un resultado desacertado.

Pero además de la cuestión estética, estaba el desafío estructural de liberar el espacio bajo la torre, para permitir la ubicación de las vías del ferrocarril. Este problema fue resuelto mediante la colocación de grandes vigas de carga, que iban de lado a lado del

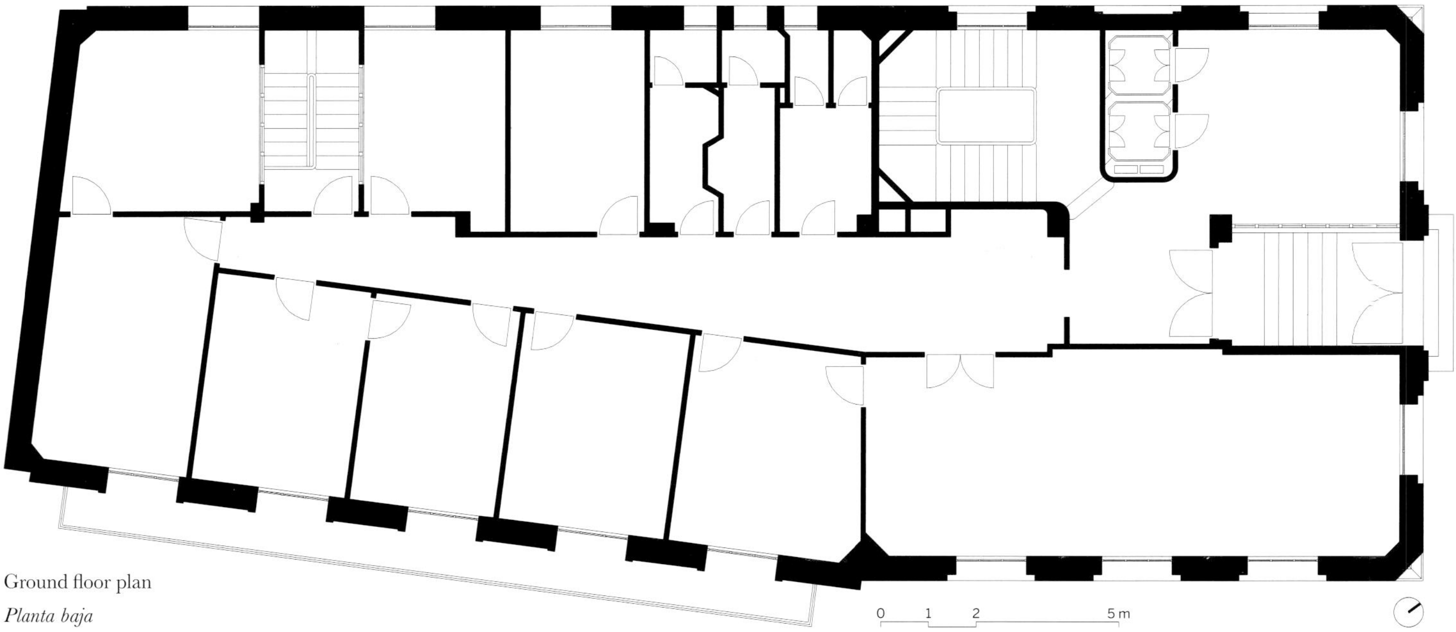

Ground floor plan

Planta baja

concrete beams that spanned the full width of the building, totally liberating the plan from a need for structural piers, between the river elevation and Bailén Street elevation.

Once again, we witness Galíndez's mastery of architectural and urban design. Before analysing the building itself lets observe once again how aware he is of the importance of the place.

His choice to build the station underground and create the podium to free up space shows how important this site was for Galíndez. Yet the tower remains as the most striking element of the project, and Galíndez, fully aware of the relevance of this site in the city, carefully designed a building of extraordinary elegance. Lets analyse how this building is composed.

edificio, liberando todo el espacio entre las dos fachadas, la de la calle Bailén, y la de la ría.

Una vez más, somos testigos del buen hacer de Galíndez. Pero antes de adentrarnos en la propuesta veamos hasta qué extremo es consciente de la importancia del lugar.

En gran medida la reorganización propuesta con el soterramiento de la estación de cercanías, y la creación de la terraza-plataforma, indican, de manera clara, una fuerte conciencia de la importancia de actuar en este lugar. Pero lo que resulta más visible, y así ha quedado en el devenir del tiempo, es la torre. De tal modo que Galíndez, consciente como era de la relevancia de este lugar, va a realizar un proyecto de extraordinaria elegancia. Veamos, por partes, cómo se planteaba el edificio.

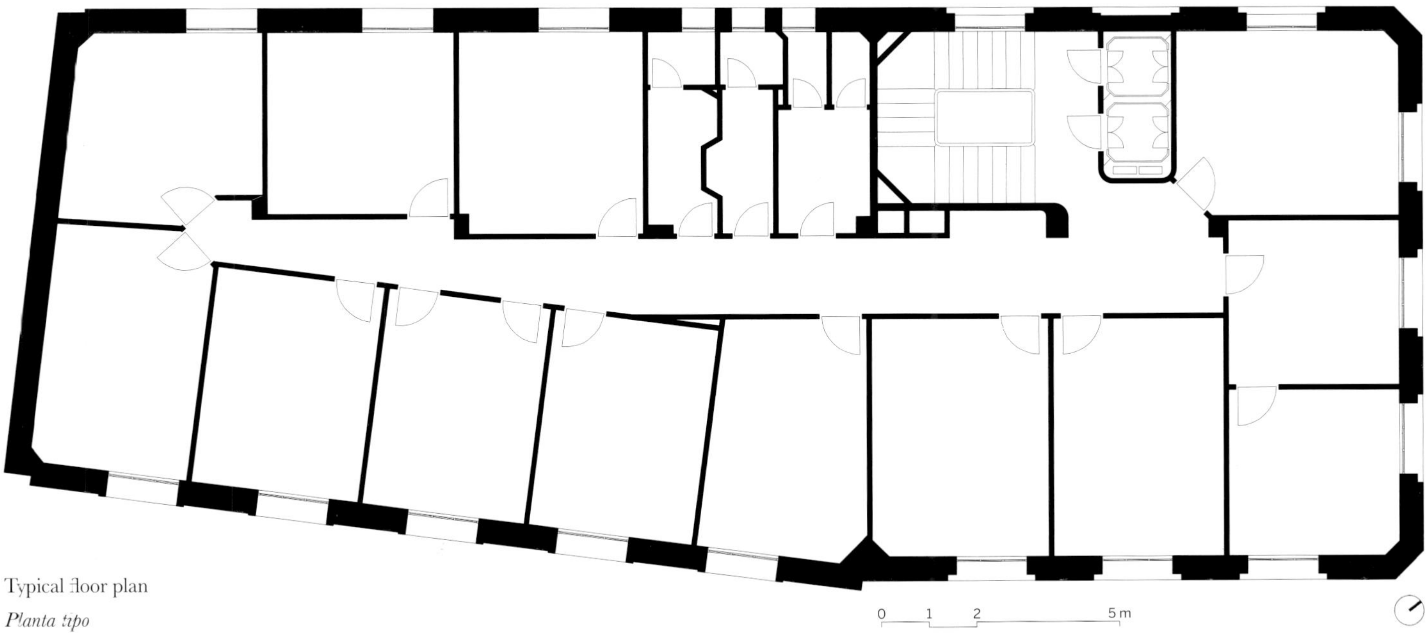

Typical floor plan
Planta tipo

MASSING AND PLAN LAYOUT

The lot of land on which the building stands is almost rectangular and its long sides are parallel to the river. The short sides are almost of the same length, although the one facing the platform over the river, which was to have the main entrance, is slightly longer. In order to allow this side to be larger, Bailén Street becomes gradually narrower in this part.

On this lot, the building comprises a prismatic volume with a tower on its end. The site also has a strong difference of level between the side facing the river and the street, which is much higher. On the elevation to Bailén Street, the building has six floors with a seventh floor recessed above, all standing over a low basement which has some small windows. Meanwhile the elevation to the river has a lofty open arcade in the ground floor, carrying seven floors with an eighth recessed above, that is, one floor more than the street elevation. The porticoed

VOLUMETRIA Y PLANTA DEL EDIFICIO

El solar sobre el que se asienta el edificio es sensiblemente rectangular, con sus lados más largos en la dirección del cauce de la Ría de Bilbao. Los lados cortos son de dimensiones muy similares entre sí, aunque es ligeramente mayor el destinado a frente de acceso a la futura torre, desde la terraza-mirador. Y por este motivo, es decir, por dar mayor dimensión a ese extremo del solar, la calle Bailén se estrecha ligeramente en ese punto.

Sobre este solar se construye un volumen prismático que tiene en su extremo la torre. El edificio, además, salva un importante desnivel entre la ría y la calle: el volumen hacia la Calle Bailén tiene seis plantas y una séptima retranqueada, con un zócalo donde asoman unas ventanas pequeñas; mientras que la fachada hacia el agua tiene planta baja porticada, y siete plantas, más una octava retranqueada; es decir, una planta más que en el lado de la Calle Bailén. La planta baja porticada continúa el recorrido, igualmente porticado, que tienen todos los edificios de la manzana en el borde de la ría.

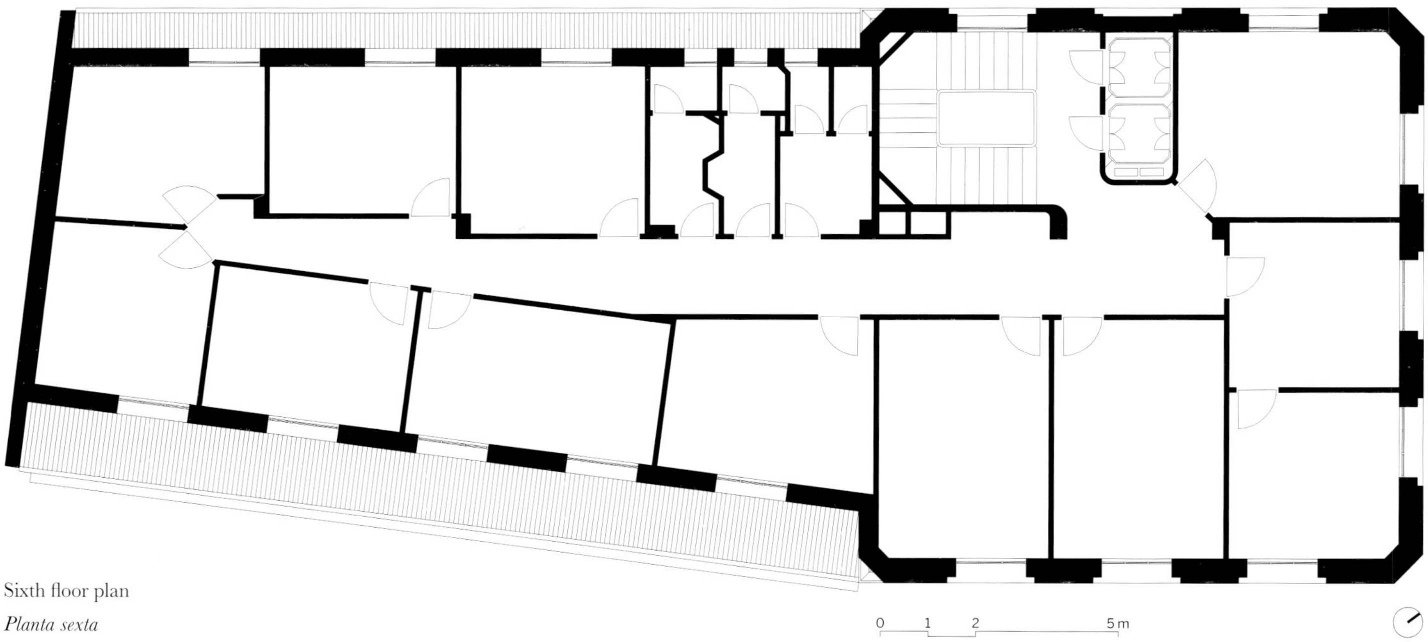

Sixth floor plan

Planta sexta

ground floor continues the arcade of the adjoining buildings facing the river.

The elevation of the tower to the plaza has a raised ground floor and ten floors, the two upper ones being recessed. The building is divided into a lower 7-storey volume and the ten-storey tower. The former is covered with a hipped roof with three slopes, the ridge ending in the tower. The tower has a square plan with slightly chamfered corners.

The shaft of the tower ends in a thin cornice, crowned by two recessed floors, not chamfered, which achieve a slendering effect on the whole tower. The tower is covered with a hipped roof of four slopes.

Built to accommodate offices, the building is only twelve metres wide at its widest part between the river and the street. The entrance vestibule is small and has been heavily altered since its construction. The staircase is placed in

Desde la terraza-mirador, la torre tiene planta baja y diez pisos, estando los dos últimos retranqueados. De este modo el volumen del edificio tiene dos partes, una más baja, con un total de siete plantas, y la torre con diez plantas. El volumen más bajo se cubre con un tejado a tres aguas, con la cumbrera que se entrega contra la torre. El volumen de la torre es un prisma ligeramente ochavado, que se aligera con el añadido final de dos pisos con planta estrictamente cuadrada (no ochavada), que está levemente retranqueado, lo que contribuye a dar cierta esbeltez a la torre, a la vez que la provee de un remate.

El prisma de la torre se remata con una tenue cornisa, muy sencilla, antes de proseguir su ascenso con la incorporación de los dos pisos del añadido final, cuya cubierta es a cuatro aguas.

La planta del edificio, dedicado a oficinas, tiene tan sólo doce metros en el punto más ancho. El portal de acceso es pequeño, y está en la actualidad bastante alterado con relación a la situación original. En una esquina de la planta cuadrada de la torre, en el oeste, se ubica la escalera que asciende a todos los pisos,

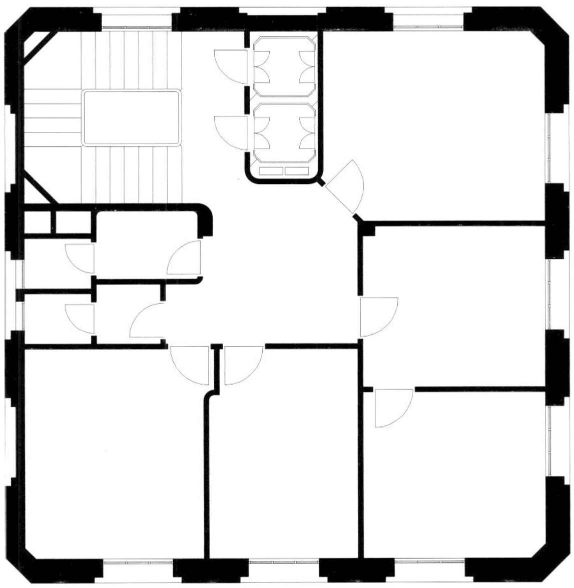

Seventh & eighth floor plans *Plantas séptima y octava*

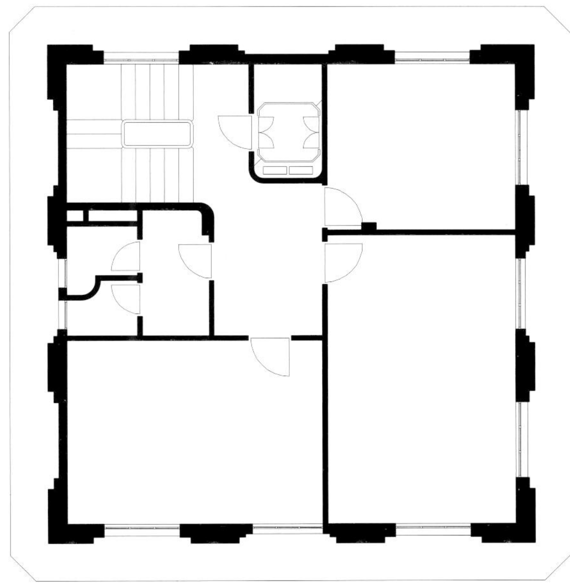

Ninth & tenth floor plans *Plantas novena y décima*

one of the west corners of the tower. It rises to the top of the building, with a reduced stairwell in the two uppermost floors of the tower.

A corridor runs through the centre of the long building on its long axis leading to the offices on each side. On the ninth floor of the tower there are five rooms of similar size and only three of bigger size in the last, tenth, floor.

incluidas las dos últimas plantas, para lo que se reduce el ojo de la caja de escaleras.

Un pasillo que corre en el centro y a lo largo del edificio más bajo es el encargado de organizar a ambos lados las estancias para despachos. En la penúltima planta (ya en el añadido de la torre) se plantean cinco despachos de similares medidas. En la última planta se proponen dos estancias más grandes y una similar a las de la planta penúltima.

a m o r a d a

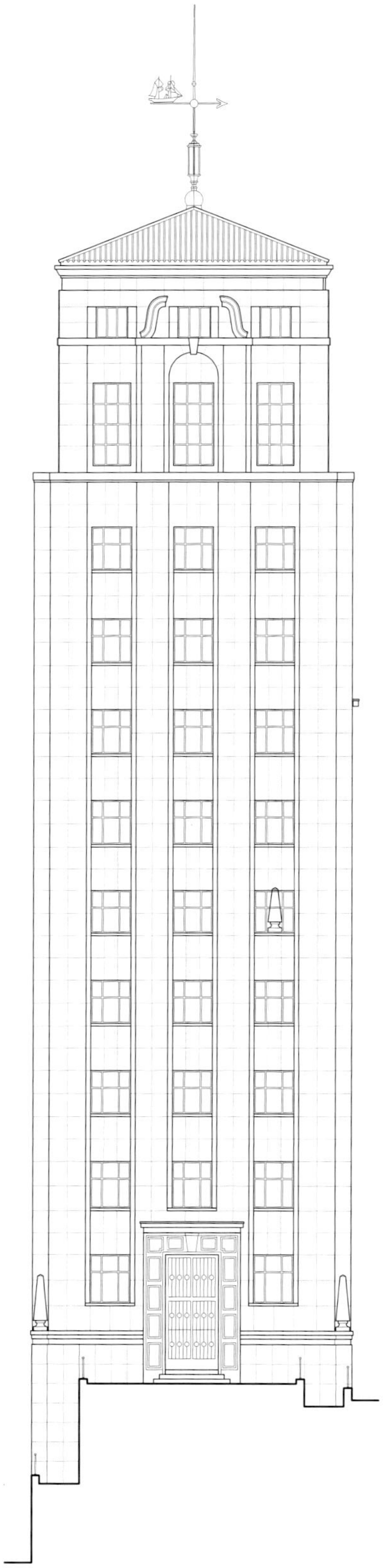

Elevation to the platform

Alzado a la plataforma

Elevation to the river

Alzado al río

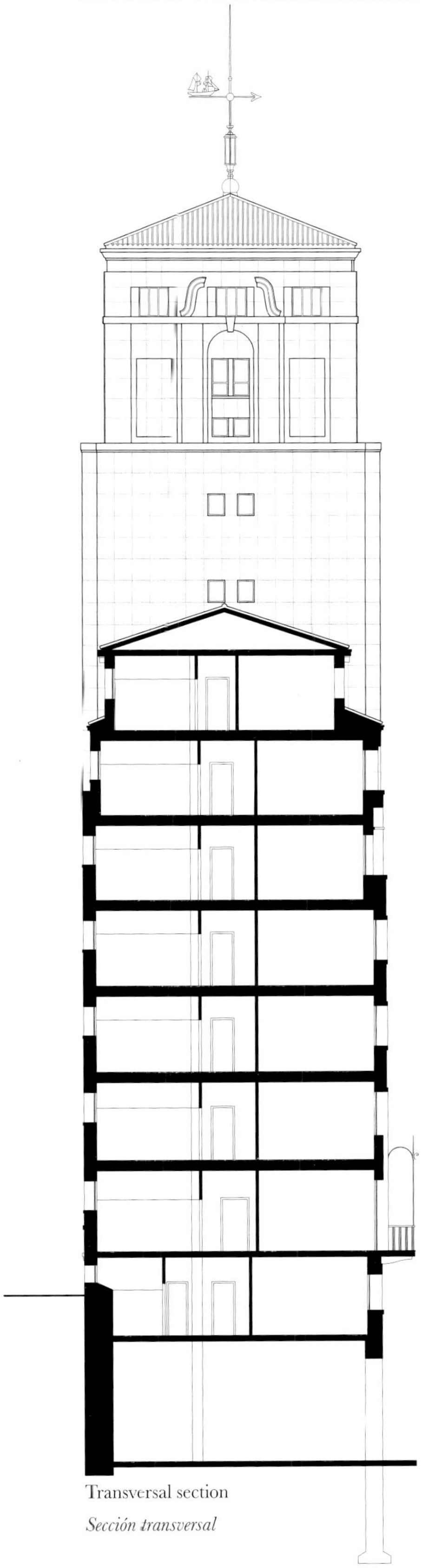

Transversal section

Sección transversal

Elevation to Bailén Street

Alzado a calle Bailén

0 1 5 10 m

DESCRIPTION OF THE FAÇADES

The basement is faced in grey limestone, both in the tower and the long building, and the building above is cladded in white ivory coloured stone. An impost separates the grey basement, which in the river elevation of the tower has two floors, from the rest of the building.

At the centre of the plaza facade, on the ground floor, there is a large entrance door with a coffered surround and a crowning moulding, all in grey limestone. which contrasts with the white wall. Galindez prepares the basement to receive the tower delicately: the bush-hammered limestone basement ends with a polished and slightly recessed stone course, supporting a double string course, the lower level of which is of grey limestone while the upper is of white stone. In the corners facing the plaza, the upper string course is also grey limestone, different from the rest, which here serves to form the pedestals of two small obelisks, one in each corner. These obelisks make the transition between the corners of the basement, which are squared, and the corners of the tower, which are chamfered (photograph in the following page).

Over this string course and a band of plain wall, the tower´s elevations bear an order of giant pilasters that run up to the cornice. These appear on each elevation except that facing over the roof of the lower volume.

The wide pilasters, four in each elevation, make a tripartite composition. To the side of the pilasters there is a thin recessed fillet that frames the space between them and runs flush with the windowsills placed between the pilasters. The shaft of the tower finishes, as noted above, with a thin cornice.

In the crowning two stories, Galíndez divided the elevations clearly into two levels, the lower part being almost twice the height as the upper part.

The composition of these elevations is sophisticated and elegant. They bear an order of pilasters corresponding with the one bellow, the space between the pilasters similarly recessed.

DESCRIPCION DE LAS FACHADAS

En cuanto a la torre, se ha de destacar el tratamiento con piedra artificial de color blanco marfil en la mayor parte del edificio, a partir del basamento. Este es de piedra caliza gris, que hace de zócalo tanto en la torre como en la calle Bailén, y que en la fachada a la ría corresponde a dos plantas. Una línea de imposta divide los dos tramos de diferente cromatismo.

En la fachada de acceso se abre una puerta de notable altura, con recerco y guardapolvo de piedra caliza que destacan sobre el blanco del muro. Galíndez prepara el zócalo para recibir a la torre con delicadeza: termina el zócalo de piedra abujardada con una franja pulida y levemente retranqueada sobre la que apoya una doble imposta, la inferior del material del zócalo y la superior del de la torre. Las esquinas de la imposta superior están realizadas en piedra caliza diferenciándose del resto con unos pedestales sobre los que se han colocado unos pequeños obeliscos. Estos obeliscos hacen la transición entre las esquinas del zócalo, en ángulo recto, y las de la torre, achaflanadas.

A partir de la imposta y de una franja de muro liso, Galíndez propone un apilastramiento para tres de sus fachadas. No procede a apilastrar la fachada trasera de la torre, a la que se entrega el volumen más bajo del edificio (fotografía en página siguiente).

Se trata de anchas pilastras, cuatro por cada fachada, que permiten una composición tripartita. A cada lado de las pilastras aparece un estrecho filete, remetido, que opera como recerco de los espacios entre las pilastras. Ese filete está enrasado, es decir, en el mismo plano que los alfeizares de las ventanas que se abren entre las pilastras. El primer tramo de la torre, el más largo, como antes señalábamos, está rematado con una sencilla cornisa.

En el cuerpo final, de las dos últimas plantas, Galíndez divide las fachadas en dos niveles claramente definidos. El inferior tiene una altura que es casi el doble de la altura del nivel superior.

La composición es realmente sofisticada, a la vez que muy elegante. Se trata de fachadas, que al igual que en el cuerpo inferior de la torre, están apilastradas. El espacio entre esas pilastras está rehundido, para lo cual Galíndez introduce un filete en los laterales más extremos de las dos pilastras que enmarcan el espacio central.

El espacio central está, como hemos expuesto, flanqueado por dos pilastras. En un plano rehundido, en relación a esas pilastras, se

Detail of façade

Detalle de fachada

Detail of façade

Detalle de fachada

The two central pilasters project out slightly. These pilasters are flanked by recessed fillets, those in the central bay of the elevation forming an arch which frames another recessed plane with a tall window. In the two outer bays there are identical windows which, with several projections and recesses, lie in the same plane as the windows in the central bay.

A string course runs along the elevation over the pilasters and it projects over the central bay. The projecting pilasters flanking the central bay are crowned with scrolls that frame the central window of the top floor. The arch between the central pilasters is keyed to the string course by a corbel as its keystone. With this composition the elevations of the upper part of the tower have a central motif of Mannerist flavour. Finally, the tower is topped with a cornice that supports the hipped roof.

recorta un arco de medio punto, en cuyo vano se abre uno de los altos ventanales. Las dos pilastras que flanquean ese espacio central tienen un estrecho filete a cada lado. En los espacios extremos se recortan igualmente altos ventanales idénticos al del espacio central. De tal modo que los tres ventanales están a la misma profundidad.

Una línea de imposta corre por todo el contorno de la torre delimitando la altura de las pilastras, resaltando levemente en el tramo central. Las pilastras centrales que sobrepasan la línea de imposta están remontadas por simas curvas rampantes, enmarcan la ventana central del último piso. El arco entre estas pilastras está claveteado a la línea de imposta, por medio de una clave en forma de ménsula.

Por medio de esta composición, las fachadas del tramo final de la torre aparecen con un "motivo central", claramente manierista.

In the lower wing of the building, the river elevation and the street elevation are very different. The elevation to Bailén Street is completely flat and flush with the tower. The windows, with no surrounds or frames are simply bare openings in the wall.

The elevation to the river, by contrast, projects slightly from the tower, and it dies against its chamfered corner. It also projects from the narrow stretch of wall that separates this elevation from the adjoining building.

In both ends of the lower volume, in the recessed stretch of wall that joins the building with the adjoining ones, over the string course between the fifth and the sixth floors there are two obelisks similar to those mentioned above.

Este tramo final está rematado por una cornisa relativamente discreta, sobre la que se asienta la cubierta a cuatro aguas.

En cuanto al cuerpo bajo, se ha de diferenciar la fachada a la calle Bailén de la que da a la ría.

En la calle Bailén la fachada es completamente lisa y coplanaria con la de la torre. En ella las ventanas se abren recortadas sobre el muro.

La fachada a la ría resalta ligeramente con relación a la de la torre, y se entrega contra el ochavamiento de ésta. De igual modo resalta del estrecho paño de muro que separa esta fachada de la del edificio adyacente. En ambos extremos, en dichas separaciones, y sobre la imposta que corre sobre la planta quinta, se colocan sendos obeliscos similares a los ya vistos en la fachada de entrada a la torre.

The grey limestone that dresses the two basement levels of the tower, also covers the ground floor level of the lower part of the building, where there is a portico facing the river. Five arches of this portico correspond to the lower building while the following three belong to the lower part of the tower. Over this portico, a string course marks the end of the limestone.

The first floor is of white stone, as the rest of the lower building and the tower. The five windows have stone surrounds. At the same height, in the tower, there are three windows whose sill continues the level of the string course into the tower volume. The first floor is also topped with a long balcony, whose supporting slab coincides with the string course over the tower´s basement floors.

La piedra caliza gris, que opera como basamento de la torre, abarca la planta baja en el muelle, que se abre a la ría en pórtico. Ésta tiene cinco arcos que corresponden al volumen bajo del edificio, y tres que corresponden a la base de la torre. En la parte alta de esta planta, correspondiendo a la parte baja del edificio, una imposta detiene el uso de la caliza gris.

La planta primera dispone de piedra blanca, como el resto de la fachada, y como en el tronco principal de la torre. Esta primera planta está rematada, en su parte alta, por una balconada, cuya losa coincide con la línea de imposta que corona el basamento de la torre. Las cinco ventanas están recercadas.

En este nivel, pero en la base de la torre, se abren tres ventanas recercadas, con alfeizares de sección idéntica a la imposta que limita la fachada de la planta primera del volumen bajo. Los alfeizares están enrasados a la misma altura que esa imposta.

The second floor has a row of French windows that open onto the balcony. There are five windows, such as in the floors above and below. Each French window in this floor is linked with the corresponding window in the floor above, the third floor, in a shared surround. This gives the elevation a vertical stress aided by the iron spears rising from the balcony.

The supporting slab of the balcony lying at the same height as the string course over the tower basement is also at the same height as the basement of the adjoining building, which helps to create a sense of continuity with the rest of the terrace.

Next, the fourth and fifth floors have framed windows, followed by a string course separating the fifth and the sixth floor which is at approximately the same height

La planta segunda dispone de puertas balconeras que abren a un balcón corrido de lado a lado de la fachada. Son cinco huecos, al igual que en las plantas inferiores y superiores. Las puertas del balcón de esta planta están remetidas con respecto al paño de fachada, como lo están las ventanas de la planta siguiente (la tercera), formando con estas una unidad con un común recerco. Esta unidad adquiere un impulso vertical que es acompañado por las picas metálicas colocadas entre los huecos.

La losa del balcón está a la altura del zócalo de las casas adyacentes, lo que, visualmente, contribuye a crear un zócalo a la larga hilera de edificios de esta manzana en la que se asienta el edificio de Galíndez.

Las plantas que siguen hacia arriba: cuarta y quinta, tienen las ventanas recercadas. Una línea de imposta separa la planta quinta de la sexta. La planta sexta aparece limitada por esa imposta y

as the cornice of the adjoining building, again creating visual continuity.

The sixth floor has a row of arches which are deeply recessed from the plane of the elevation. Although they do not form a loggia, they cast a deep arcaded shadow in the recessed wall. Each arch frames a window which has an ornamental corbel in the top of its surround, projecting out of the brick tympanum.

The arches spring from imposts placed over a colonnade of thick paired pilasters. The edges of the voussoirs in the arches are strongly defined.

Another string course separates the sixth and the seventh floors. In this floor the window surrounds are recessed from the wall. Each stretch of wall between the openings

otra que la separa de la séptima planta. La imposta bajo la planta sexta está a la altura, en términos generales, de la línea de cornisa del edificio adyacente.

El plano de la planta sexta presenta una secuencia de cinco arcos, que se recortan en profundidad, sobre la superficie del muro. No llegan a constituir una logia, pero sí un poderoso contraste de luz y sombra. Sobre la pared, al fondo del arco, se abren cinco ventanas que están recercadas, con una ménsula ornamental en la parte alta de cada ventana, sobre el tímpano de ladrillo.

Los arcos que se abren en la fachada arrancan de una imposta colocada sobre pares de anchas pilastras. El despiece de la piedra en el muro sobre los arcos se presenta marcando el adovelado.

Una nueva línea de imposta separa la planta sexta de la séptima. En esta planta las ventanas aparecen recercadas, en un plano re-

is decorated in a different way as in the rest of the building. It appears that Galíndez designed this sequence of window bays as though it were a frieze over the building crowned with a cornice.

The top floor, the attic storey, is recessed both to the river and to Bailén Street. It is a lower storey which has, in consequence, smaller windows. Facing the river, there are five windows, which can be well seen from the other side of the river. To Bailén Street, the fenestration, which is not so regular, cannot be seen from the narrow street. This last storey is topped with the roof eaves, supported by modillions, similar to the ones used in vernacular architecture.

metido del de fachada. Los paños de pared entre las ventanas están tratados de modo diferente a lo ya visto en las separaciones entre ventanas en el resto del edificio. En realidad parece que Galíndez, en cierto modo, ha querido tratar, en esta planta, la secuencia de muro-ventana-muro, como si se tratara de un friso, remontado por la correspondiente cornisa.

La última planta, en ático, está retranqueada de las fachadas a Bailén y a la ría. Es una fachada de menor altura, y por ello los huecos de ventana son más pequeños. Hacia la ría hay cinco ventanas, perfectamente visibles desde la ribera de enfrente. Hacia Bailén la fenestración, que no aparece tan ritmada, no es visible desde la estrecha calle. Esta planta se remata con una alero sobre ménsulas del tipo de la construcción vernácula.

Drawing by the author

Dibujo del autor

THE COMPOSITION

It is striking Galíndez´s sensitivity to notice and understand the complex circumstances of the site. We have explained above how important site location was for Galíndez, especially in this case where the scheme was part of a larger project of urban regeneration in the historic core of Bilbao. What makes this project remarkable is how Galíndez responded to each of the aspects of the site's significance within the city.

On the one hand lay the issue of the difference of level between the riverside river, and the street and elevated plaza. On the other hand was the integration with the adjoining buildings and the narrowness of Bailén Street. There was also the excellent location, facing the river and close to remarkable buildings such as the Sociedad Bilbaína and Santander railway station. We think that Galíndez responded perfectly to all these circumstances, producing a design which improves the built environment, one that is bold while at the same time being respectful to the historic city. It is striking to contrast his sensitivity with the post-war

LOS MECANISMOS DE LA COMPOSICION

Resulta sorprendente la sensibilidad de Galíndez para captar las singularidades del lugar. Ya hemos comentado, al inicio, cómo el lugar es para Galíndez importante, y más habida cuenta de que el edificio forma parte de un proyecto más amplio de reestructuración de esta parte de la ciudad. Pero lo que consideramos que ha de señalarse, es la capacidad del arquitecto para percatarse de diversos aspectos que hacen al emplazamiento un lugar muy singular.

Por una parte, está el hecho de la diferencia de cotas entre la plataforma-mirador, la calle Bailén y el muelle de la ribera de la ría; por otra parte el de mantener las alineaciones con los edificios colindantes; además, la particularidad de la calle Bailén que es muy estrecha. También la visión de las diversas fachadas desde distancias diferentes: la visión frontal de la torre, la fachada a la ría visible desde la ribera de enfrente, o la que da a la calle Bailén. Y además, está la proximidad a edificios muy notables como es la Estación de Ferrocarril a Santander o el edificio de la Sociedad Bilbaína. Consideramos que Galíndez ha sabido responder a todas estas solicitaciones, con un proyecto que mejora el medio construido de su derredor. Un proyecto audaz a la vez que respetuoso con la ciudad histórica. Es sorpren-

reconstruction projects that destroyed so many of central Europe´s city centres a few years later.

We have already described how he tackled the difference of level between the street and the riverside. In the elevation to the river, Galíndez sought to link his building with the adjoining ones, by continuing the portico in the lower floor; by cladding only the ground floor in grey limestone; and by placing the balcony as a continuation of the string course of the adjoining building. At the same time, in the basement of the tower, the string course over the adjoining portico is echoed visually by the thick sills of the windows in the first floor of the basement. In conclusion, Galíndez has designed several elements that link the tower to the lower adjacent volume of the building and this to the adjoining building.

We need not discuss every detail of the elevation by the river described above, given the diversity of the decoration used in each floor. To Bailén Street, however, Galíndez designed an elevation stripped of most ornamentation, for the narrowness of the street would prevent ornate details from being easily appreciated. The tower is decorated with restraint using

dente su sensibilidad en contraste con los proyectos de reconstrucción que que en Europa Central destruirían tantos centros urbanos pocos años más tarde.

Ya hemos visto cómo trata la diferencia de cotas entre la calle Bailén y el muelle junto a ría. En la fachada hacia la ría, Galíndez busca alineaciones con diversos elementos como los siguientes: con los arcos del edificio adyacente, en base a resaltar el color de la piedra, exclusivamente en la planta baja; también por medio del balcón en línea con la imposta del edificio adyacente que limita el basamento de ese edificio. Por otra parte, en la torre está marcado con claridad el basamento, por medio del material de piedra caliza gris; pero, a la vez, la imposta sobre los arcos del pórtico, mantiene cierta continuidad visual con los potentes alfeizares de la planta primera del basamento de la torre. En suma, son varias las alineaciones o enrases visuales que atan la torre al edificio bajo y a este con el edificio adyacente.

Sería prolijo detenerse en todos los detalles de la fachada hacia la ría del cuerpo bajo, dada la diversidad de los tratamientos de sus plantas.

Consciente de la singularidad del emplazamiento, Galíndez presenta la fachada del cuerpo bajo a la Calle Bailén desprovista de orna-

Detail of the staircase

Detalle de la escalera

the order of pilasters that emphasize its verticality. This had been done extensively and with the same purpose by the Chicago School.

We should highlight once again what does not appear to be so evident at first, the richness and subtlety of the elevation to the river: the portico in ground floor; the double height frames joining together the windows in first and second floors; the recessed and moulded window surrounds; the arches forming a pseudo-loggia and the "frieze" in the seventh floor. All this is almost imperceptible at first sight, and it becomes more evident by the grazing light at certain hours of the day.

Galíndez´s mastery of the architectural mechanisms of composition, based here on a subtle manipulation of geometry and layering of planes, shines with all its strength in this building. This restraint and subtle play with geometry is one of the most outstanding features of his architecture.

mentación, ya que no puede verse esta fachada ni de cerca (la calle es muy estrecha) ni de lejos. En cambio, la torre si está más texturada, muy contenidamente texturada; así las pilastras contribuyen a enfatizar la verticalidad. Este recurso fue utilizado ampliamente, con idéntica finalidad, por la Escuela de Chicago.

Se ha de subrayar la importancia de lo que a primera vista, no es fácil de apreciar, como es la variedad de tratamientos de los huecos, en la fachada hacia la ría, del cuerpo bajo del edificio: desde la unión como "motivo" de las aperturas del balcón y las ventanas de la planta siguiente, hasta las ventanas recercadas, otras rehundidas en una "cuasi" logia, o las de la última planta. Todo ello casi imperceptible en una visión rápida. Es la luz rasante, de ciertos momentos del día, la que pone en evidencia esta sutileza de detalles.

No hay duda del manejo de Galíndez de toda una serie de mecanismos compositivos, basados en sutiles y cuasi-imperceptibles recursos a la estratificación de planos. Es esa sutileza, esa huida de una exagerada expresión, o si se prefiere es esa contención, un rasgo que está presente, como veremos, en las obras de este arquitecto.

Details of the staircase *Detalles de la escalera*

9,5t
P
P

NAVIERA AZNAR BILBAO Project: 1943 Execution: 1945-48

In collaboration with Jose María Chapa

NAVIERA AZNAR BILBAO Proyecto:1943 Ejecución: 1945-48

En colaboración con José María Chapa

THE IMPORTANCE OF THE PLACE

This building, built to accommodate the headquarters and offices of a shipping company, occupies a strategic position in the city of Bilbao, parallel to the river just within the limits of the extent of the nineteenth-century expansion of the city. Its longest elevation faces onto the river and has a commanding presence over the city docks. At the same time, the principal elevation with the main entrance faces onto a small square (Plaza de Venezuela), which is part of the city's expansion; it is in this façade where the entrance to the building is.

The views of the building are very different depending on whether it is approached from the river docks or from the city streets and Galíndez's scheme responds carefully to this challenge. Once more we see the architect paying attention to the site and to the way the building responds to it, as we will see.

LA IMPORTANCIA DEL LUGAR

Este edificio, destinado a alojar las oficinas de una compañía naviera, ocupa un lugar estratégico en la ciudad de Bilbao. Está situado en el borde del ensanche, y en paralelo al cauce de la ría. En este sentido, su presencia en la escenografía del paisaje fluvial es muy importante, más aún habida cuenta de que el edificio presenta su fachada más larga hacía la ría. Por otra parte el edificio se enfrenta hacia el interior del ensanche, ante una pequeña plaza (plaza de Venezuela), y es en la fachada a este lugar donde se encuentra el acceso al edificio.

Las vistas al edificio son muy distintas según se trate de la fachada a la ría o de la fachada al ensanche, y en consecuencia la respuesta propuesta por Galíndez atiende a estas solicitudes. En definitiva, una vez más, encontramos al arquitecto prestando atención al lugar de implantación del edificio, como veremos a continuación.

NAVIERA AZNAR

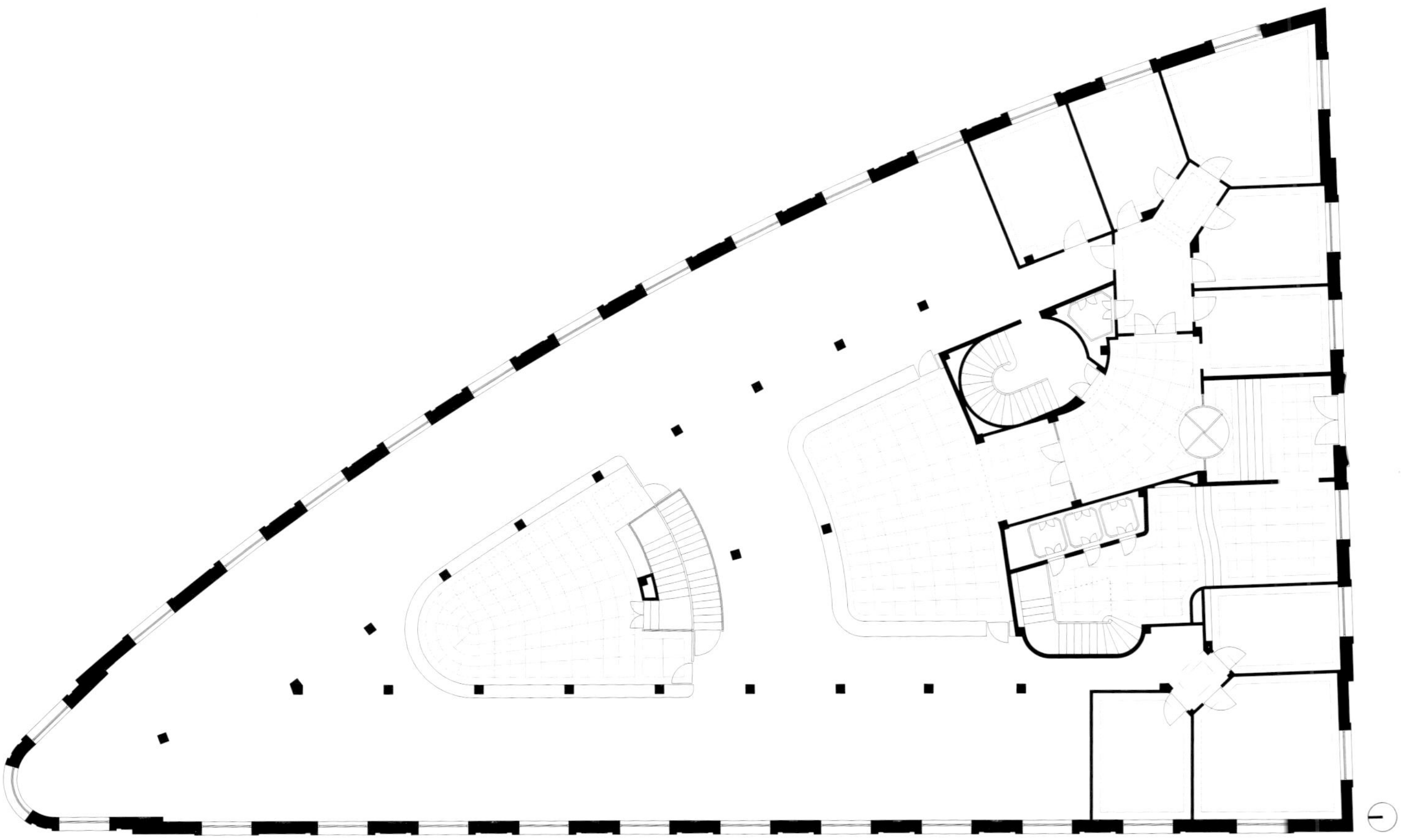

Ground floor plan

Planta baja

MASSING AND LAYOUT

The building fully occupies a triangular plot. The footprint is roughly an isosceles triangle, with a very sharp vertex pointing towards the north. The shortest side of the triangle faces towards Plaza de Venezuela and hence connects with the city's expansion. Of the two long sides of the triangle, the longest one, which faces north-east, is slightly curved as it follows the shape of the river. The other side faces west onto a narrow street. On this site, Galíndez's building is extraordinarily compact and uses all the floor area permitted by the planning regulations.

The building rises on a triangular plan of six floors with a seventh floor, an attic floor, recessed above. Both in the façade facing the square and in the sharp corner to the north, the

VOLUMETRÍA Y PLANTAS DEL EDIFICIO

El edificio ocupa toda una manzana de planta triangular. Es un triángulo isósceles muy apuntado, con el ángulo agudo, muy cerrado, apuntando al norte. El lado pequeño del triángulo se sitúa frente a la plaza de Venezuela, es decir, hacia el interior del ensanche. En suma, uno de los lados del triángulo, el más largo, sigue la curvatura de la ría; el más corto cierra una pequeña plaza, y el tercer lado da hacia una estrecha calle. El edificio es de una extraordinaria compacidad. Galíndez ha aprovechado al máximo la edificabilidad permitida.

El volumen prismático del edificio presenta un total de seis alturas, con una séptima planta, en ático, retranqueada. Tanto en la fachada a la plaza, como en el ángulo más agudo, el edificio se eleva un total de ocho plantas sin ningún retranqueo, aprove-

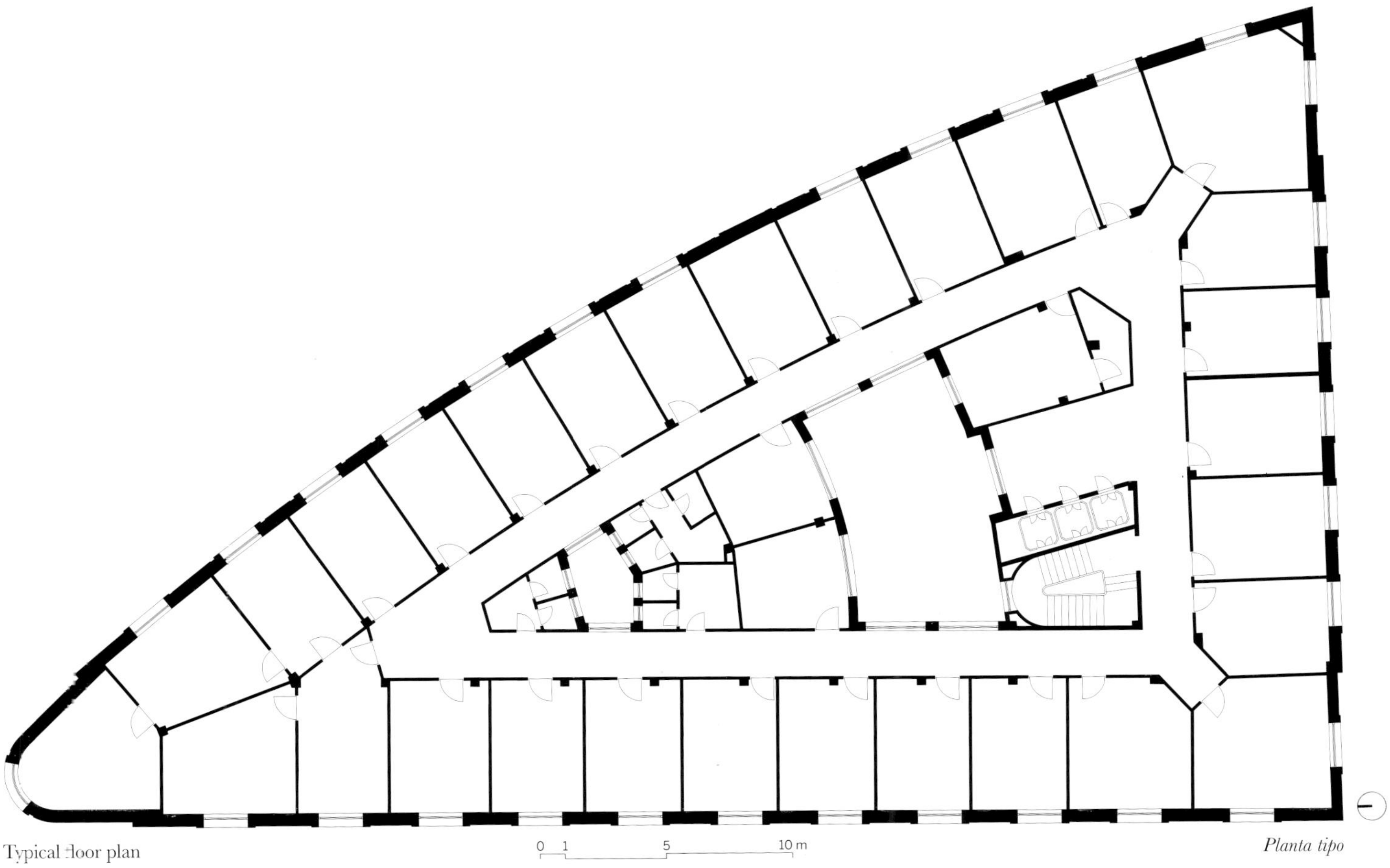

Typical floor plan

Planta tipo

building rises flush to a height of eight floors following the planning regulations allowing buildings to have an extra floor at the corners. The recessed attic floor terminates against each of these elevated volumes.

Galíndez organised the building around a courtyard onto which face the toilets and the staircase of the building so that the perimeter of the building facing onto the streets can be used to accommodate offices of more-or-less identical dimensions.

chando la ordenanza que permitía potenciar las esquinas de las manzanas. Estos puntos en los que el edificio presenta su mayor altura sirven para recoger la planta séptima de ático, que se entrega contra estos elementos más altos de la volumetría.

Galíndez conforma el edificio en torno a un patio, destinando el corazón del solar a los aseos, que asoman a ese patio, y a las escaleras, de forma que libera el perímetro para el uso de despachos, en estancias de tamaño uniforme.

Elevation to the river

Alzado a la ría

ELEVATIONS

The colour of the building materials helps define the tripartite classical composition from its base to its roof. Once again, Galíndez designed a base made of sandstone that incorporates two floors (the ground and the first floors), standing on a limestone plinth. This plinth compensates for the unevenness of the terrain and creates the horizontal plane on which the building stands, and it has the windows of the basement floor.

The body of the building, which has three floors (second, third and fourth storeys) and is clad in red veneer brick, rises over the sandstone basement and is topped by the fifth floor, which is clad in sandstone and is crowned with a cornice. Over this cornice there is an attic storey and second attic storey, also clad in sandstone. This attic storeys form a volume over the central section of the facade, where they remain of a plane with the rest of it.

Galíndez designed an extraordinarily coherent freestanding building. He achieved this coherency by keeping the basic

DESCRIPCION DE LAS FACHADAS

El color de los materiales ayuda a una composición en tres niveles, a la manera clásica. Una vez más propone un basamento de piedra arenisca que abarca dos pisos (plantas baja y primera), asentado sobre un zócalo de piedra caliza, que sirve para crear la línea horizontal que absorbe los desniveles del solar, y en el que se abren las ventanas del sótano.

Sobre este basamento se desarrolla el edificio. Los tres pisos siguientes (segundo, tercero y cuarto) abren sus ventanas a un muro recubierto con aplacado de ladrillo rojo. El piso quinto se aplaca en piedra arenisca y se remata con una cornisa. Sobre él se colocan un ático y un sobreático, también en idéntico material. Estos áticos forman un volumen sobre el centro de la fachada principal, al tener sus frentes en el mismo plano.

Galíndez al enfrentarse a un edificio exento, lo configura con una extraordinaria unidad, lograda en base a mantener los elementos básicos de la composición a lo largo del mismo, a

Elevation to the back street

0 1 5 10 m

Alzado a la calle trasera

Front elevation

Alzado frontal

 NAVIERA AZNAR

 NAVIERA AZNAR

composition elements consistent throughout the entire exterior, although still creating three very distinct elevations, each of them having a different role in the city.

The façade with the main entrance facing the plaza, has the centre five of its seven bays slightly projecting and topped with the double-height attic. It shows the compositional elements that are used in the other two elevations.

The rusticated basement contains the windows of the ground and first floors. The windows of the ground floor have moulded frames while those in the first floor have plain recessed surrounds. Over the windows of the first floor rests the final course of ashlar stones of the basement, projecting a few centimetres over the rest of the courses, just enough to evoke an architrave under the impost.

pesar de dar distintas respuestas a las tres fachadas, consciente de que juegan diferentes papeles en la ciudad.

En la fachada a la plaza, donde se ubica la puerta de entrada, y existe un leve resalto central, que se corresponde con el volumen central del ático y sobreático, se marcan las pautas compositivas que se mantienen esencialmente en las otras dos.

En el basamento, rusticado, se abren las ventanas de la planta baja, con un recerco resaltado, y las de planta primera, con un recerco liso, rehundido del plano de fachada. Sobre estas ventanas existe una última franja de almohadillado, que sobresale unos pocos centímetros, a modo de arquitrabe, y una imposta.

En la planta segunda, los huecos del resalto central son puertas con un antepecho de barandilla que descansa sobre la

In the second floor the openings of the central body of the façade contain French windows with an ironwork balustrade that rests directly on the string course of the base, and have plain stone surrounds that project from the brick wall, crowned by a cornice. These cornices support the windows in the third floor, which are surrounded by a moulded sandstone frame. The superimposition of the windows in the second and third floor forms an architectural motif. The windows of the fourth floor and those in the flanking bays of the façade have the same shape and the same frame as those in the third floor.

The brick wall is crowned with a thin string course, over which rises the final storey under the cornice. This level of the façade is clad with sandstone and its openings rest directly on the string course and support the frieze giving

imposta del zócalo, y un recerco liso de piedra arenisca con su guardapolvos, que resalta del muro de ladrillo. Sobre estos guardapolvos se apoyan las ventanas del tercer piso, con recerco de arenisca igualmente resaltado. Se forma así una unidad con la superposición de las ventanas, a modo de motivo. El último piso en ladrillo, y los paños laterales al resalto central disponen de ventanas como las del piso tercero, es decir, abiertas en el muro con recercos que resaltan.

La superficie de ladrillo se remata con una pequeña imposta, de la que arranca el último piso, bajo el cornisamento. Este piso se trata con piedra arenisca, y con los huecos de ventanas directamente apoyados sobre aquella imposta, soportando el friso, de modo que la hilera de ventanas se abre en lo que equivaldría a un ancho arquitrabe.

NAVIERA AZNAR

the impression that the row of windows opens in a very wide architrave.

This architrave crowns the whole building, from the bottom to the cornice. Between the windows of this floor the wall surface is divided into layers. The windows of the central part of this architrave are separated by pairs of pilasters and the cornice over it has a row of modillions supporting a deep eave. Because of the proportions, the façade has the character of a Roman palazzo.

In the first attic floor of the other two elevations, the windows dominate the wall surface making it look like a trabeated structure topped with a cornice reminding the vernacular cornice, its elements recalling their timber origins but made in stone. The overhanging rafters of the eaves contrast with the modillions bellow, helping to make the attic floor look lighter.

This attic floor is received in the main façade by the tall central body with double height pilasters and in the opposite corner it terminates against the corner turret.
The façade to the river is composed in the same way with

Un arquitrabe de todo el paño de fachada, desde el suelo hasta la cornisa. Las aperturas de esta planta tienen unos paños laterales estratificados con respecto al paño de fachada. En los paños ciegos entre las ventanas del resalto central hay unas dobles pilastras. La cornisa de remate tiene unos modillones. La fachada principal, ante la placita, aparece, por sus proporciones, como un palazzo romano.

El primer ático, en las otras dos fachadas, está tan perforado de ventanas que, al predominar el hueco sobre el macizo, se lee como un sistema arquitrabado, con una cornisa de abstracción vernácula, de la construcción en madera, pero hecha en piedra, con "viguetas", que contrastan con los modillones del cornisamento de remate; es un recurso para sugerir liviandad al añadido.

Este primer ático se recoge, en la fachada principal, en el alto volumen de ático más sobreático. En el ángulo agudo, es decir, en el extremo opuesto a la fachada principal, se recogerá contra un torreón.

La fachada a la ría, mantiene los mismos mecanismos con algunas variantes. Así, en el basamento, la rusticación desapa-

some variations. The base has no rustication between the first and last bays, only at either end. In the rest of bays, the openings in the ground and first floors are each grouped together in a shared recess in the wall forming a vertical motif. The surface of wall left between any two recesses is so narrow that it looks like a pilaster. The last course of stones of the base runs along the whole elevation and projects slightly as though it were an architrave, which reinforces the effect of a row of pilasters. The windows in the ground floor have a moulded frame and those in the first floor have a recessed surround.

The grouped recess in which the windows open is achieved by cutting the wall into several layers. The effect produced by the pilasters that are carved out of this layered wall is what the Swiss art historian Heinrich Wölfflin, in his work *Renaissance and Baroque* (1888), called *Das Pilasterbündel.*

Wölfflin identified the repetition of individual elements as a typical feature of Baroque architecture, establishing the contrast between the pictorial and plastic effects of some repeated forms, such as the pilasters in the façade of Santi Vincenzo e Anastasio by Martino Longhi the Younger, and

rece entre el primero y el último vano, es decir, sólo se encuentra en los extremos de la fachada; en el resto, los huecos aparecen unidos en un motivo vertical, al rehundirse la superficie de fachada a su alrededor, dejando a nivel de la superficie de fachada solamente unas franjas de muro tan estrechas, que se convierten en pilastras, y se leen como tales, al haber hecho correr, a lo largo de toda la fachada, la última franja del almohadillado de la fachada principal, que hace las veces de arquitrabe. Respecto a este plano rehundido, la ventana de planta baja presenta un marco moldurado y la de planta primera un recerco hundido.

El hundimiento del plano de las ventanas con respecto al de fachada se hace mediante una estratificación. El efecto de pilastra que se genera al realizar la estatificación, produce, de hecho, lo que Heinrich Wölfflin, en su obra Renacimiento y Barroco, *denomina como haz de pilastras (*Das Pilasterbündel*).*

El historiador de arte suizo Heinrich Wölfflin, en su obra Renacimiento y Barroco de 1888, identificó la multiplicación de elementos individuales como una característica fundamental del estilo Barroco en la arquitectura, estableciendo un contraste de los efectos pictóricos y plásticos de una serie de formas repetidas,

O UDALA
E BILBAO
BILBOKO
AYUNTAM
2

the static use of individual elements in the Renaissance. He suggested that the key moment for the development of this feature was the introduction of the layered pilasters (*Das Pilasterbündel*).

The vertical motif in the façade facing the plaza, formed by the French windows in the second floor with those above them in the third floor, also appears in the façade to the river, likewise standing over the base and this time framed by a recess in the brick wall. The end bays at either side are different, with the windows in the second and third floors ungrouped and independent from each other. The differing fenestration and their rusticated base underneath, help these bays to operate as the beginning and the end, as the endings for the elevation composition and its architectural rhythm. Again the vertical motifs separate the brick wall to give the impression of a row of double-height pilasters flanked by

*como las pilastras anidadas de la fachada de Santi Vincenzo e Anastasio, trabajo de Martino Longhi el Joven, con el uso estático de elementos singulares del Renacimiento. En su obra nos sugiere que el motivo clave del desarrollo de esta tendencia a la multiplicación fue la introducción de la pilastra fasciculada (*Das Pilasterbündel*).*

El motivo, que ya se ha visto anteriormente, en la fachada a la plaza, de la ventana balconera y otra ventana superpuesta a la anterior, correspondiendo a las plantas segunda y tercera, aparece, también aquí, en la fachada a la ría. E igualmente este motivo se ubica aquí sobre el basamento y se enmarca con un recerco de ladrillo rehundido, excepto en los vanos de los extremos de ese gran lienzo de la fachada a la ría. En los extremos las ventanas no se apoyan una sobre otra. De esta forma, merced al basamento almohadillado de estos vanos extremos, y al hecho de disponer de una diferente fenestración, dichos vanos operan como

 NAVIERA AZNAR

heavier end bays, impression confirmed by the solid volumes at the sides. The solid outer bays seem to be the support of the whole composition.

The long elevation ends in the corner tower, which rises at the vertex of the building. This tower is clearly visible from the vessels that sail upstream and its sharp angle makes the building itself look like the bow of a ship. In the upper part of the tower Galíndez changed the brickwork introducing some channels between the brick courses to suggest a rusticated surface. This helps to emphasize its autonomy from the rest of the building.

In the attic of the tower there is an opening in line with the windows of the end bay below, which we described as a solid support of the river elevation. The opening is a French window, which opens to a balcony and crowned with a broken pediment. There is a smaller window placed within the broken pediment. This arrangement is surrounded by

principio y fin, como "remates" de un ritmo compositivo concreto, y sirven para una lectura que sugiere unos apoyos extremos más sólidos, contra un intermedio que por estratificación conforma un ritmo "apilastrado". Se infiere una mayor solidez a los extremos, como si de apoyos de toda la composición en el suelo se tratara.

El gran lienzo de fachada se entrega contra un torreón en el ángulo. Este torreón es un elemento muy visible cuando se navega ría arriba, y aparece como la proa de un navío. Galíndez cambia el tipo de aparejo del ladrillo, introduciendo un almohadillado en la parte alta de este torreón de esquina, enfatizando así, su carácter de elemento autónomo en el edificio.

A la altura del ático, en el torreón, se abre un hueco que descansa sobre uno de los extremos de "remate", de lo que hemos denominado anteriormente el "apoyo" del gran lienzo de la fachada sur. Este hueco consiste en una puerta balconera, con frontón partido, que encierra entre sus simas una ventana, remontando a la balconera. Todo ello enmarcado con un recerco y su guardapolvo,

a brick frame with a thin cornice, the jambs flanked by a pattern of alternating projecting brick blocks.

This opening is an important design element that helps to realize the monumental scale of the corner tower, which provides a great singularity to this building. The sculpture of a ship placed at the top of the rounded corner of the tower reminds us of the naval activity of the company that was based in the building. Unfortunately, the façades were "cleaned" using an aggressive high-pressure treatment that has irreversibly damaged the brick veneer surface.

The rear façade, which faces a narrow street, has the same base as the river elevation facing the river. However, over the basement the windows have simple stone surrounds and are not grouped together in any way. This façade ends in the corner tower in the same way as the river elevation. The tower here has a motif identical to the one described previously, standing over the last bay of this façade.

de ladrillo, que aparece "claveteado" en sus montantes, por unos modillones.

Este hueco es un importante motivo que da escala al torreón en esquina, en el sentido de evidenciar la magnitud, es decir, la importante altura de ese "esquinazo" curvo que tanta singularidad provee a este edificio. La escultura de un barco colocada en lo alto del torreón, nos recuerda que estamos ante un edificio relacionado con el mundo naval. Por desgracia, las fachadas sufrieron un agresivo tratamiento con chorro de arena, que ha dejado una huella indeleble.

La tercera fachada, a una estrecha calle, tiene el basamento igual que en la fachada a la ría, pero las ventanas que se abren en la superficie de ladrillo, están recercadas, y no forman ningún tipo de agrupamiento. Esta fachada se entrega también contra el torreón, que tiene otro motivo idéntico al descrito en el párrafo anterior, apoyado sobre el "remate" extremo del lienzo de esta fachada.

QUALITY OF EXECUTION

In this building, we can appreciate Galíndez´s mastery of construction and architectural composition in the way he used textures, colours and the layering of the wall surface. For example, the façade to the plaza has a rusticated base, and the rustication stops as the building turns the corners to the side elevations. The motif composed of two superimposed windows joined in a single wall recess, appears only in the central bays of the façade to the plaza and after the first bay of the façade to the river; so that the end bays form a distinct corner, a kind of corner post which pins the three elevations of the building together. The masterful handling of architectural composition we can observe is due to a large extent to the exquisite and accurate construction. We would like to highlight the expertise, the command and the perfect execution of the various different types of brickwork, in the brick claddings.

The same could be said of the precise recesses of the wall, delicate details with which Galíndez achieves an intensity of architectural expression. For example, simply projecting a course of stones a few centimetres over the ones below is enough for Galíndez to suggest an architrave. In the same way, some delicate recesses in the façade to the river elevation are enough to create an order of pilasters.

The design of the attic storey is particularly clever, seeming lighter than the rest of the building thanks to its fenestration being dominant over the wall surface and its cornice which, although built in stone, is clearly inspired by vernacular timber construction. It is a similar strategy to the bay windows in the top storey of Hormaeche House.

The result is a building which, despite maintaining a strong sense of unity, has three different elevations responding to three different roles in the city: an urban *palazzo* to the plaza, a grand ship with its bow pointing towards the river and a sober office building to the rear street.

SOBRE LA CALIDAD DE EJECUCION

Podemos ver el dominio de Galíndez cuando manipula las texturas, los colores y la estratificación del muro. Así, en la fachada a la plaza, el basamento es rusticado, para dejar de serlo al doblar la esquina hacia las fachadas laterales. Las ventanas superpuestas aparecen solamente en el resalto central de la fachada a la plaza, y después del primer vano de la fachada al río, de forma que la esquina actúa, como antes decíamos, como un apoyo, como un machón con sus dos caras o paños diferentes. Es decir, las esquinas, que no son el torreón, acentúan y garantizan el atado compositivo de los tres lienzos de fachada. Estamos ante un manejo de la composición de extraordinaria maestría, debido, en gran parte, a la primorosa y muy precisa ejecución. Porque se ha de destacar la pericia, el dominio y la perfecta ejecución de los diferentes tipos de aparejos, en los aplacados de ladrillo.

Lo mismo podría decirse de los precisos y medidos retranqueos de plano a los que Galíndez saca el máximo provecho expresivo. Así, unos pocos centímetros de vuelo de una hilada de sillares sobre la inferior le sirven para sugerir un arquitrabe. Del mismo modo, unos sutiles retranqueos en la fachada norte le bastan para sugerir un orden de pilastras.

Resulta interesante el tratamiento del piso ático, como algo más liviano merced al continuo ritmo de la fenestración, y al uso de una cornisa, que siendo pétrea, es sin embargo de clara extracción vernácula. Ya se vio algo similar en las bay windows *del último piso de la Casa Hormaeche.*

El resultado es un edificio con tres fachadas diferentes, dentro de una unidad, que dan respuesta a distintas vocaciones del edifico: la visión de un palazzo *desde la placita, la de un gran navío con su proa desde la ría, y la de un edificio de oficinas desde la calle estrecha.*

EN ALQUILER
640 012 226
EN ALQUILER
640 012 226
Santander

HISPANO AMERICANO BANK BILBAO
Project: 1945
Execution: 1949-50

In collaboration with Jose María Chapa

BANCO HISPANO AMERICANO BILBAO
Proyecto:1945
Ejecución: 1949-50

En colaboración con José María Chapa

THE IMPORTANCE OF PLACE

The building is located on the north side of Gran Vía, the main street of the 19th century urban expansion of Bilbao and today one of the city's principal commercial streets. The site of the building is the southwest corner of a large block of buildings bounded by Gran Vía, Berastegui, Ledesma and Buenos Aires Street and the Plaza Circular. This block alone contains three bank office buildings, the other two both facing the Plaza Circular. This concentration of banks can give the idea of the relevance that the Gran Vía had (and still has) as a location for the most important banks. We saw a similar situation in the case of the Banco de Vizcaya in Madrid.

When Galíndez received the commission to design this office building for the Hispano Americano Bank, as the bank was known at that time, numerous bank headquarters and offices were located in this avenue, among them, the two main banks of the Basque Country, the Banco Bilbao and the Banco Vizcaya, both of them with magnificent buildings. Close to the site of Galíndez's building were the headquarters of the Banco de España, with an excellent building.

The building by Galíndez has its main entrance on Gran Vía and faces three streets: Gran Vía, Berastegui and Ledesma.

LA IMPORTANCIA DEL LUGAR

El edificio se encuentra en el lado norte de la Gran Vía de Bilbao, que es la arteria central del ensanche. La manzana en la que se inserta es de considerable tamaño, con caras a la mencionada Gran Vía, a calle Berástegui, a calle Ledesma, a calle Buenos Aires, y a la plaza Circular. En esta manzana existen tres edificios bancarios, de los cuales dos tienen sus fachadas principales en las esquinas del lado que la manzana tiene hacia la plaza Circular. Esta concentración de bancos puede darnos una idea de la relevancia que la Gran Vía tuvo en su día (y aún tiene) como ubicación de los bancos más importantes. Ya vimos algo similar en el caso del Banco de Vizcaya en Madrid.

Cuando Galíndez recibe el encargo de construir este banco, para el entonces llamado Banco Hispano Americano, ya se encontraban en la Gran Vía numerosas sedes y oficinas bancarias, entre ellas los dos grandes bancos vascos: el Banco de Bilbao y el Banco de Vizcaya, con magníficos edificios. Además, cercano al solar de Galíndez, se encontraba la sede del Banco de España, con un excelente edificio.

El edificio de Galíndez tiene su acceso por la Gran Vía, y fachadas a tres calles: la Gran Vía, Berástegui y Ledesma.

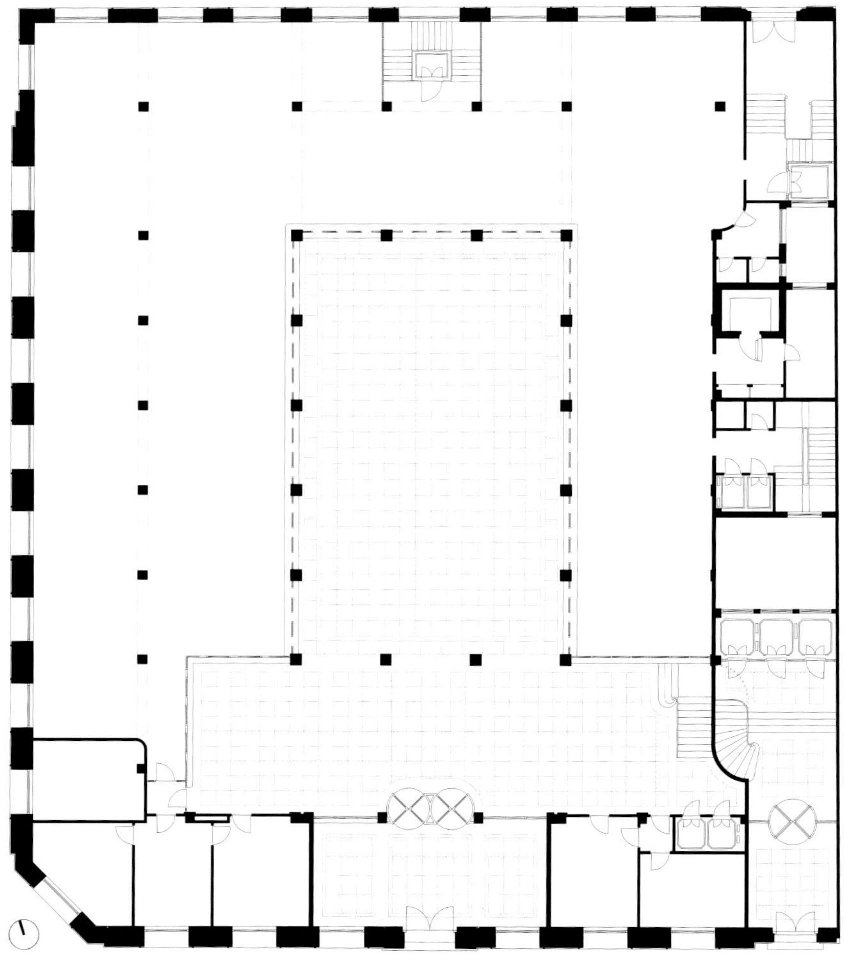

Ground floor plan 0 1 5 10 m *Planta baja*

MASSING

The site on which the building stands is almost perfectly square and accordingly the structure is of a roughly cuboid volume. To comply with planning regulations, the corner between Gran Vía and Berastegui Street is chamfered, while this was not a requirement on the rear corner between Berastegui and Ledesma Streets, which was a secondary street, resulting from the partition of a larger urban block.

The building has a large rectangular courtyard that occupies the centre of the ground floor and which is glazed at the roof storey. There are two smaller courtyards next to the party wall with the adjoining building, which provide ventilation and help light the stairs and service rooms. The

VOLUMETRIA DEL EDIFICIO

El edificio se asienta en un solar de planta sensiblemente cuadrada, sobre el que se levanta un volumen prismático, cuya esquina entre la Gran Vía y la calle Berástegui está achaflanada, tal y como exigía la ordenanza. La otra esquina entre las calles Berástegui y Ledesma no tiene chaflán, por ser esta última una calle secundaria, resultado de dividir una serie de manzanas del ensanche.

El edificio dispone de un gran patio rectangular, ubicado sobre el patio de operaciones de la planta baja, al que ilumina cenital-mente. Otros dos patios, mucho más pequeños, junto a la mediane-ra, permiten iluminar y ventilar escaleras y cuartos de servicio. El edificio tiene planta baja y cuatro plantas altas, a partir de

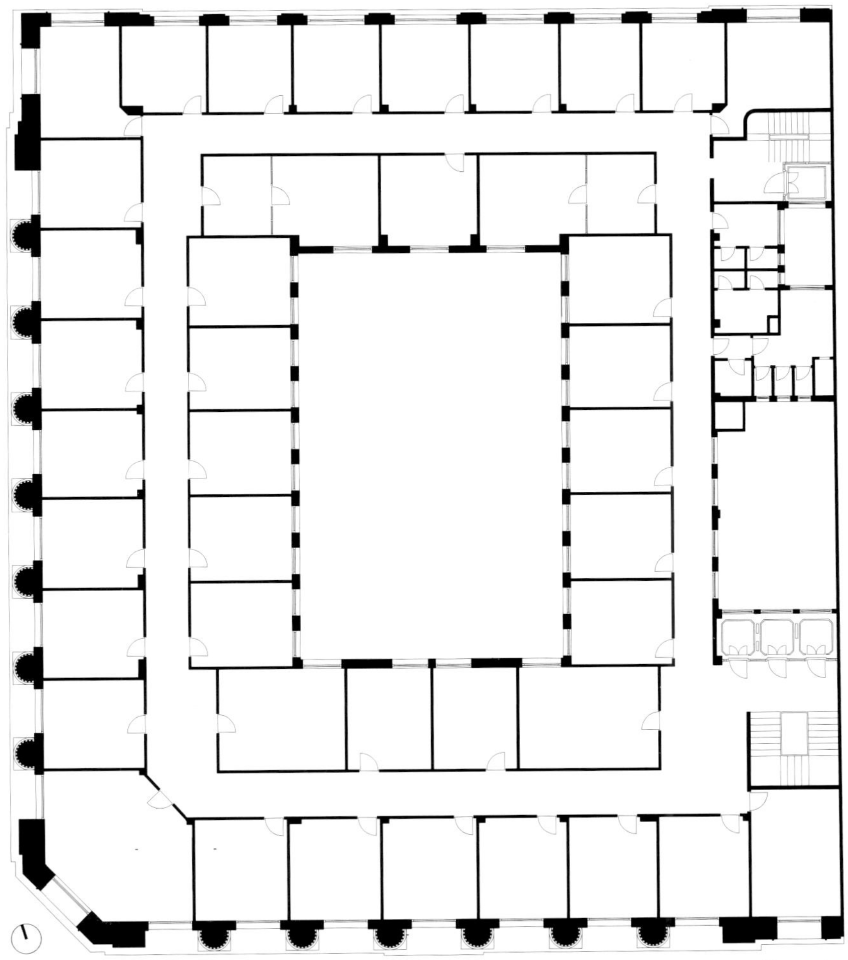

Typical floor plan — *Planta tipo*

building comprises a ground floor and four further storeys before a massive entablature, above which is an attic storey, slightly recessed in the Gran Vía and Berastegui elevations and further recessed in Ledesma Street.

On top of this first attic, there is a second attic storey, much taller than the first one and again heavily recessed to Ledesma Street. Once again, Galíndez used all the floor area allowed by the local planning regulations, which is something understandable; but he combined this with careful mass and stylistic composition. His mastery of architectural composition shines here more maybe than in any other building.

las cuales aparece un potente cornisamento. Sobre esta cornisa, una planta ático, mínimamente retranqueada, recorre todo el edificio, es decir, está presente en las tres fachadas, retrocediendo de modo significativo en la fachada a la calle Ledesma.

Un sobreático de importante altura recorre igualmente las tres fachadas, pero se retranquea notablemente en la correspondiente a la calle Ledesma. Una vez más, Galíndez ha aprovechado al máximo la edificabilidad permitida, lo cual es comprensible. Pero tal aprovechamiento lo ha sabido combinar con la composición volumétrica y estilística utilizada. Una sabiduría que aquí, quizás como en ningún otro edificio, revela la maestría del arquitecto.

Drawing by the author

Dibujo del autor

THE PLAN LAYOUT

The building was designed to be used as a bank office. On the ground floor was to be customer services with the typical banking hall at its centre, which will be described in detail bellow. The rest of the floors accommodate office rooms, of similar size, arranged around a corridor that surrounds the central court.

LAS PLANTAS

El edificio, como su nombre indica, está destinado a oficinas para el banco. La planta baja, a la que nos referiremos más adelante, se dedica a la atención al público con el clásico patio de operaciones. El resto de plantas se organizan con habitaciones de oficinas sensiblemente iguales, dispuestas a ambos lados de un pasillo que corre concéntrico al perímetro del patio central.

The main entrance into the ground floor is from Gran Vía through a monumental door placed centrally on the façade's axis of symmetry, which is the axis of the pteron of columns, with five intercolumniations, in other words tripartite.

Through the entrance door one enters first a vestibule and then an anteroom that leads to the banking hall, called by Galíndez the "public hall". The hall is a double height space with

La planta baja tiene su acceso por la Gran Vía, a través de una puerta de importante altura, colocada en el eje del pteron columnado de cinco intercolumnios, o sea tripartito.

De la entrada se accede a un portal, y de aquí a un vestíbulo o antesala del patio de operaciones que Galíndez denomina como "hall público". Éste abarca un doble espacio, en el centro del edificio, definido por pilares, a los que se enganchan, abiertas hacia

Anteroom

Antesala

tall pillars on its four sides which separate the central space from a surrounding mezzanine floor on the other side of the pillars. This room has a sober sumptuousness. The pillars are clad in dark green marble and are topped with golden brass capitals. At half height, bellow the intersection of the pillars and the mezzanine floor slab there are other, U-shaped brass capitals, which clip the pillars at their back and define a smaller order beneath the mezzanine. These lower capitals are now scarcely visible thanks to the introduction of HVAC ducts and a plasterboard ceiling below the mezzanine floor. These new ceilings also hide most of the original plaster ceilings with square coffers surrounded by a simple meander.

The pavement combines dark green and white marble slabs forming a monumental meander. This patterning exploits the contrast between different colours of marble to achieve

el mismo, las entreplantas. Este recinto tiene una sobria suntuosidad. Los pilares están recubiertos de mármol verde muy oscuro, con capiteles de latón dorado, y, a media altura, se les enganchan unas bandas también de latón, a modo de capiteles, que no se muestran hacia el interior del patio, sino que van engarzadas en U al pilar, para definir un orden más pequeño, bajo la entreplanta. Esas bandas de latón son difícilmente perceptibles en la actualidad, al haberse realizado un cinturón de aire acondicionado. Este nuevo elemento también oculta, bajo la entreplanta, en su casi totalidad, los techos originales de escayola con decoración de casetones enmarcados por una sencilla greca.

El pavimento, en mármol, está despiezado formando una greca de gran escala, en colores verde oscuro y blanco. Este despiece contribuye a una mayor monumentalidad, en base al efecto óptico y de contraste, recordándonos algunos despieces de Lutyens en

Public hall

Hall público

a stately effect reminiscent in some ways of Edwin Lutyens's floor patterns for similar buildings. Although lighter and more spacious, the room also recalls the hall in the Banco Vizcaya in Madrid. The basilical space, with a higher ceiling at the centre and a lower perimeter helps to increase the sense of grandeur of the central hall, when we move from that perimeter towards that hall; this is a mechanism, that though being known and extensively used in architecture, has a great interest.

A few decorative elements further enrich the room while maintaining its sobriety. Apart from the brass capitals, the coffered plaster ceiling and the marble pavement mentioned above, the mezzanine slab edge is covered with a marble slab, with a decoration of strigils. Over it there is a delicate metal banister, between the pillars, but without touching them, with acanthus leaves supporting the railing.

edificios similares. Aunque más luminoso y espacioso, recordamos aún el "aire" del patio del Banco de Vizcaya de Madrid. La utilización de las diferentes alturas, al modo un tanto basilical, es decir, mayor en el centro y más bajo en el perímetro, ayuda igualmente a acentuar el efecto de grandeza del patio, cuando se realiza el tránsito desde el exterior al interior; un mecanismo, que no por conocido y utilizado, carece de interés.

Algunos elementos decorativos enriquecen este noble espacio sin restarle sobriedad. Además de los capiteles metálicos, el techo de casetones y el pavimento ya mencionados, cabe destacar el canto del forjado de la entreplanta, que está rematado con una franja de mármol crema con decoración de estrígilos. Sobre ella se asienta una barandilla metálica, entre los pilares, sin tocarlos, y con el pasamanos sostenido delicadamente por hojas de acanto.

Elevation to Gran Vía 0 1 5 10 m *Alzado a la Gran Vía*

ELEVATIONS

The facade to Gran Vía has a colossal order of six Ionic columns, four storeys tall, and is fluted in the typical Ionic manner. Each is a three-quarter column attached to a corresponding pilaster projecting from the wall, and the windows appear between these pilasters. The pteron of columns rests on the ground floor comprising a lofty podium of rusticated green granite; they are surmounted by the corresponding entablature, with its architrave, frieze and cornice. The rest of the building is executed in light sandstone.

This pteron is flanked by two wide pilasters, in antis, following the tradition of the classical temples. In spite of their size, the

DESCRIPCION DE LAS FACHADAS

La fachada a la Gran Vía se articula con un orden gigante de columnas jónicas, que abarcan cuatro plantas, con estriado propio del jónico, adosadas a pilastras en el muro, en dos tercios de su diámetro. Entre las pilastras se abren las ventanas. Las columnas están asentadas sobre la planta baja, que opera como basamento, y remontadas por el arquitrabe, el friso y la correspondiente cornisa. La planta baja se presenta con granito verde veteado, y el resto del edificio con piedra arenisca blanca.

Este pteron de columnas esta enmarcado, en sus dos extremos, por sendos machones, de modo que el tratamiento compositivo de esta fachada se basa en la tradición clásica. Podríamos, para

Elevation to Berástegui Street

Alzado a la calle Berástegui

colonnade and its wide flanking pilasters can be read as a single architectural motif which projects from the rest of the facade so that the bay adjoining the neighbouring building is slightly recessed. Therefore, this "motif", of classical origin, is fully autonomous.

The same stepping of the elevation can be found in the attic storey over the cornice, which has its central part on the same plane as the colonnade's flanking pilasters; In this way the surface separating it from the party wall of the neighbouring building is also recessed, in the same way as the floors under the cornice.

entendernos, hablar de un "motivo", a pesar de la entidad que tiene. Este motivo, nos referimos a la composición, formado por columnas limitadas o contenidas entre los dos machones extremos, se adelanta ligeramente del plano de fachada, de modo que el estrecho margen de la unión del edificio con su colindante, está ligeramente remetido. Con ello, ese "motivo", de extracción clásica, se presenta completamente autónomo.

De modo que la planta ático, colocada sobre la cornisa, tiene los extremos de su volumen en la vertical de los machones antes citados; de este modo queda remetida la superficie que la separa de la medianera con el edificio colindante, del mismo modo que las plantas bajo la cornisa.

Santander
Santander

Santander

This facade composition shows Galíndez's masterly handling and control of the elements and language of classical architecture.

With this careful stepping of facade planes, Galíndez prepares the building (its massing to be more specific) to accommodate a second attic storey. The addition of a second attic storey leaves in our opinion an excessively heavy section above the Ionic cornice compared to the rest of the facade. There are many examples of this kind of façade composition in architectural history and in such examples, as here, the top of the building, in other words, the skyline rises prominently over the rest with the impression of a disproportionately high and blind wall. This is what it usually happens, in spite of the many variants in the architectural tradition. And this is precisely what Galíndez carried out. As in the lower floors, the central part of the second attic storey steps forward while the ends are considerably recessed.

In the side elevation facing Berastegui Street Galíndez used a similar architectural composition to the main facade. The façade appears also as an autonomous element within the building. The main difference is that this Ionic pteron has seven columns instead of six. In the facade to Gran Vía the pteron has six columns in order to allow a tripartite composition.

The chamfer between Gran Vía and Berastegui is recessed and rusticated, so as to create a contrast with the two elevations and to allow the colonnades to operate as autonomous elements.

The pteron of Berástegui in the extreme in antis elements appears strictly orthogonal to the plane of the façade, and differentiated from that plane.

The second attic storey which crowns the colonnades has a generous recess over the corner, in which Galíndez placed a statue of Athena flanked by bas reliefs depicting industry and commerce. This recess stresses the autonomy of each of the two elevations which meet in this corner, while at the same time visually lightening the heaviness of the attic, that as we said, does not arrive to the alignment of the chamfer.

As for the façade to Ledesma Street, it has to be noticed that the wall with columns towards Berástegui Street stops before reaching the corner with Ledesma Street, and attaches, sli-

Ya, con esta operación que se acaba de describir, Galíndez pone de manifiesto un perfecto control de la utilización de los elementos compositivos del clasicismo.

En realidad, con ello, Galíndez está preparando al edificio (a la volumetría del edificio para ser más preciso) para recibir una planta sobreático. La adición de un segundo ático (o sobreático) hace que la fachada adquiera, en nuestra opinión, un excesivo peso sobre el cornisamento del pteron jónico. Evidentemente hay ejemplos en la historia, y cuando eso sucede, entonces el remate del edifico con el cielo, es decir, la línea de horizonte (la parte alta del sobreático) se eleva considerablemente, y se termina con un claro carácter murario, de muro ciego. Esto suele ser así, a pesar de tantas variantes de la tradición arquitectónica. Esto es precisamente lo que Galíndez lleva a cabo. El sobreático coincide verticalmente en sus límites extremos con el "motivo" antes citado. Su frente se adelanta con respecto al tramo de fachada que queda hasta la medianera con el edificio contiguo; ese tramo está notablemente remetido del plano de la fachada a la Gran Vía.

Para la fachada a la calle Berástegui, Galíndez utiliza los mismos mecanismos compositivos de la fachada a Gran Vía. Por ello, esta fachada aparece tratada igualmente, como un elemento autónomo dentro de la volumetría del edificio. Un pteron con siete columnas de orden jónico. En Gran Vía el pteron tenía seis columnas, para permitir una composición tripartita.

El chaflán entre Gran Vía y Berástegui está remetido y rusticado, a fin de crear contraste con las dos fachadas y de permitir que las columnatas operen como elementos autónomos

El pteron de Berástegui en sus machones extremos aparece estrictamente ortogonal al plano de fachada, y diferenciado de este plano.

El sobre ático que corona las columnatas retrocede de modo notable en la esquina, en la que Galíndez coloca una estatua de Atenea flanqueada por bajorrelieves con alusiones a la industria y al comercio. Gracias al retranqueo, por una parte, se enfatiza aquel carácter autónomo de las fachadas que hacen el ángulo, y por otra, se aligera (ópticamente) el enorme peso del sobreático, que, como decimos, no llega a la alineación del chaflán.

En cuanto a la fachada a la calle Ledesma, se ha de observar cómo el lienzo columnado de la calle Berástegui se detiene antes

ghtly recessed in relation to the volume of the building, as a "box" which adheres to the building in its back side, in other words in Ledesma Street.

The façade to Ledesma Street appears with that "box" in the corner with Berástegui Street, slightly projecting from the rest of the façade. In the extreme of Ledesma Street, adjoining the party wall, appears another "box" like the one previously mentioned, also slightly projecting from the rest of the façade. It is like making a balanced elevation of two side turrets flanking the elevation to Ledesma.

The turret in the corner between Ledesma and Berastegui streets articulates the transition between the architectural elements of the two elevations. The rustication of the granite podium and the voussoirs of its architrave turn around in the corner and continue in the first bay of Ledesma Street in the base of the corner turret. A similar device is used in the entablature: the cornice turns around the corner along the side turret, after which it becomes flatter and is stripped of some of its decorative elements, such as the dentils. The second attic storey does not continue above the rear façade on Ledesma, reinforcing its function of crowning of the colonnades on the other elevations.

In the back façade the window openings are opened between pilasters, as they did in the previous planes, but these pilasters do not have attached columns. Just in the extremes, in the volumes that seem small "turrets" the windows are opened on flat surfaces. So, as in the chamfer, that corner is treated as a transition or articulation between two distinct compositions of elevation, therefore like two independent compositions.

The elevation on Ledesma employs pilasters without neither capitals nor bases, which form colossal vertical frames to the four storeys of windows in each bay.

To finish with the elevations, a few ornamental details are worth noting, such as the console brackets placed between the windows of the attic storey. In the second attic storey there is a massive wall surface over the windows, originally occupied by the name of the Bank and that featuring gargoyles in the shape of lions' heads.

de doblar la esquina a la calle Ledesma, y se adosa, ligeramente remetido con respecto al volumen del edificio, como una "caja" que se adhiere al edificio en su parte posterior, es decir, en la calle Ledesma.

La fachada de la calle Ledesma se presenta con esa "caja" en la esquina con Berástegui, que resalta tenuemente del resto de la fachada. En el extremo de la fachada a la calle Ledesma, colindando con la medianera se repite la "caja" anterior, también tenuemente resaltada del resto de la fachada. Es como si existieran dos pequeños "torreones" en ambos extremos de la fachada a calle Ledesma.

El "torreón" de la esquina de Berástegui con Ledesma, permite realizar la transición de los mecanismos compositivos desde una fachada hasta la otra. Así, el almohadillado del basamento, y las dovelas del arquitrabe de dicho basamento, se detienen nada más doblar la esquina, formando la base de uno de esos "torreones". Los dentículos de la cornisa repiten idéntica operación, es decir, se detienen, si bien la cornisa continúa, con menor vuelo. El sobreático no llega a remontar al ático en la esquina, denunciando así su pertenencia como remate a los grandes lienzos columnados.

Ya en la fachada posterior los huecos de ventanas se abren entre unas pilastras, como lo hacían en aquellos lienzos, pero esas pilastras no tienen columnas adosadas. Sólo los paños extremos, los volúmenes a modo de pequeños "torreones" abren sus ventanas sobre superficies lisas. Es decir, al igual que en el chaflán, esta esquina se trata como una transición o articulación entre dos diferentes composiciones de fachada independientes.

El alzado de Ledesma dispone de pilastras sin capitel ni basas, que forman colosales marcos para los cuatro pisos de ventanas de cada tramo.

Para terminar la referencia a las fachadas, queremos señalar algunos detalles como las ménsulas entre los huecos de ventanas. El sobreático, de considerable altura, tiene una extensa superficie muraría sobre los huecos de las ventanas, donde antaño se colocaban las letras con el nombre del banco. En la fachada a Berástegui, en esa amplia superficie del sobreático, se abren unas gárgolas con forma de cabeza de león.

Ya se ha señalado que la colocación de un ático y un sobreático dan al edificio un aire excesivamente pesado, para lo reducido de

Santander
Santander
Abando

As it has already been stated, two attic storeys make the building seem excessively top-heavy, especially bearing in mind the compact size of the plan, yet this is to some degree offset by the fact that the colonnade gives the whole a lighter appearance. The use of a double attic storey is understandable if we bear in mind that the planning regulations imposed a set cornice height, and Galíndez had to include the remaining floor area as added volumes (attic and second attic) over the colonnade.

Finally, the building not only loses its decoration as it turns to the rear street, but also as it rises above the street. The marcapianos (or string courses) in the intercolumniations of the pterons lose their decoration gradually. While in the lower floor each marcapiano (or string course) has a central rose flanked by two coffers framed with mouldings of eggs and darts, in the middle floor the rose has been substituted by another coffer and the eggs and darts by lamb´s tongues. Finally, in the upper floor, the coffers have a moulding with no ornamental motif.

THE BASE

It is worth taking some time to look in detail at the lofty podium of the building that accommodates the public spaces on the ground floor, and has an important height . The green granite stones are bossaged and slightly rusticated, although the horizontal joints, base, cornice and window frames are polished. The window frames project out of a recessed surround giving the impression that they are floating in the facade.

We find here an extremely delicate detail: the recessed surrounds of the windows are also recessed from the bed joints of the masonry, creating a double shadow. The bed joint under the first stone course rests in the plinth through a delicate polished scotia. The entrance door frame is also polished.

Polishing the joints of the ashlar masonry, as it is to polish the base and the architrave (which is really a flat arch) is very unusual. These design features can be related to the mannerist tradition in architecture. As mentioned in the introduction, these are not the only mannerist elements that Galíndez used during his career. The display of mannerist features as those he used in the podium make his work more original and attractive without falling into eccentricities.

la planta, apareciendo muy voluminoso, a pesar de la aligeración de las hileras de columnas; pero ello se entiende porque Galíndez, al mantener el cornisamento a la altura que la ordenanza del ensanche establecía para los edificios, se ve obligado, a colocar el exceso de volumen edificado, en forma de añadidos (ático y sobreático), sobre el cuerpo columnado.

Por último, el edificio no sólo se va desproveyendo de motivos ornamentales a medida que gira hacia la calle trasera, sino también al ganar altura. Las franjas marcaplanos que aparecen en los intercolumnios van simplificando su decoración. Mientras que la franja inferior tiene una rosa central flanqueada por dos casetones con molduras de ovas y dardos, en la planta intermedia, la rosa ha sido sustituida por otro casetón, y las ovas y dardos por lenguas de cordero. Por último, en la planta superior los casetones presentan una moldura desprovista de motivo ornamental.

EL BASAMENTO

Parece pertinente detenerse en el basamento de este edificio. Abarca toda la planta baja, con una altura bastante notable El basamento es de granito verde, está almohadillado y suavemente rusticado, y tiene las llagas (o juntas), el zócalo y la cornisa pulidos, así como los recercos de las ventanas. Estas disponen de una hendidura con respecto al muro en todo su derredor, que las hace "flotar" sobre el mismo.

Encontramos aquí un detalle de suma delicadeza: los recercos de las ventanas están ligeramente rehundidos respecto de la llagas, creando así una doble línea de sombra. Por otra parte la llaga bajo la primera hilada, se apoya sobre el zócalo a través de una preciosa escocia igualmente pulida. También está pulido el recerco de la puerta de entrada.

El pulido de las juntas de un almohadillado es una solución poco usual; como lo es el que el pulido del zócalo (rodapié) y del arquitrabe (que es en realidad un arco plano). Son recursos que podemos adscribirlos a la tradición manierista en arquitectura, Pero no son solamente estos los recursos al manierismo en la obra de Galíndez, tal y como ya se ha comentado en la introducción. El despliegue de toda una serie de recursos como los señalados para el basamento hacen su obra mucho más atractiva, más original, sin caer en estridencias.

Details of the base

Detalles del basamento

Public hall *Hall público*

Details of the public hall

Detalles del hall público

Staircase to mezzanine *Escalera a la entreplanta*

QUALITY OF EXECUTION

This is the first almost detached building in which Galíndez introduced the classical orders in the composition of the elevations. However, beyond the use of the Ionic order, we find of interest to highlight some mechanisms of compositional articulation of each facade, and between them in the whole; it is worthwhile to emphasize the masterly arrangement of the masses and volumes, and of the fenestration, the crowning of the building, the combination of materials used and their colours and textures. Besides the use of a specific Ionic order, undoubtedly a part of the classical language in architecture, we can observe here the same compositional methods Galíndez had been using since the Banco de Vizcaya in Madrid. It prevails a manner of solid classical roots, in the sense of valuing the composition, beyond the style.

SOBRE LA CALIDAD DE EJECUCION

Este es el primer edificio cuasi exento en el que Galíndez va a recurrir a la utilización de los órdenes clásicos para articular sus fachadas. Pero más allá de la utilización del orden jónico, nos ha parecido interesante resaltar algunos mecanismos de articulación compositiva de cada fachada y entre ellas en el conjunto, destacar la maestría en la manipulación de las masas y volúmenes, de las fenestraciones, de los remates con el cielo, de los materiales utilizados, sus colores y sus texturas. Y ello porque, por encima de la utilización del orden jónico, perteneciente inequívocamente al lenguaje clásico de la arquitectura, prevalecen los mecanismos utilizados por Galíndez desde el Banco de Vizcaya de Madrid. Prevalece una manera de sólidas raíces clásicas, en el sentido de valoración de la composición, más allá del estilo.

HISPANO AMERICANO BANK BARCELONA, 1955

In collaboration with Jose María Chapa

BANCO HISPANO AMERICANO BARCELONA, 1955

En colaboración con José María Chapa

THE IMPORTANCE OF THE PLACE

We have mentioned repeatedly in previous chapters Galíndez's sensitivity towards the place in which his buildings were to be constructed. His attitude consisted in responding with his building in a dignified way to the quality of the surrounding urban fabric.

This is also the case in this building. In this case the context is the Paseo de Gracia, one of the main streets in Barcelona, highly representative because of its role in the urban design of the city and because of the presence of buildings that have contributed to the image and architectural prestige of Barcelona.

The Paseo de Gracia has two important buildings by Antoni Gaudí: the Casa Batlló and the Casa Milá, known as 'La Pedrera', both of which are Unesco World Heritage Landmark buildings. But there are many more important buildings from the turn of the century, designed by relevant architects of the Catalan *Modernisme* movement. There are buildings by Luis Domenech i Montaner, Josep Puig i Cadafalch, Josep Vilaseca I Casanovas and others.

Apart from the well known *Modernisme* buildings there are many other important buildings conforming that prestigious and elegant street. The Hispano Americano Bank was very aware of the prestige it would bring to its own image when it decided to build its office building in the Paseo de Gracia. And Galíndez, equally sensitive to the location produced a magnificent building as we will see.

LA IMPORTANCIA DEL LUGAR

Hemos aludido, con verdadera reiteración, a la sensibilidad de Galíndez con el lugar en el que sus edificios iban a implantarse. Una actitud consistente en saber responder con dignidad a la calidad urbana, mediante la aportación de su edificio.

En este caso ocurre lo mismo. Se trata del Paseo de Gracia, una de las calles más relevantes de Barcelona, con un alto poder de representación, tanto por su propio diseño urbano en el plano de la ciudad, como por la presencia de edificios que han contribuido a la imagen y prestigio arquitectónico de Barcelona.

Es en el Paseo de Gracia donde se encuentran dos importantes edificios de Gaudí: la Casa Batlló y la Casa Milá, conocida como "La Pedrera"; ambas son Monumentos de la Humanidad de la UNESCO. Pero son muchos los edificios importantes, del cambio de siglo, cuya autoría corresponde a distinguidos arquitectos del Modernisme *catalán. Se trata de obras de Luis Domenech i Montaner, Josep Puig i Cadafalch, Josep Vilaseca i Casanovas, y otros.*

Además de las obras del Modernisme *tan conocidas, son muchos los edificios importantes que se construyeron en esa calle prestigiosa y elegante. El Banco Hispano Americano era muy consciente del prestigio que constituía para su imagen, cuando decidió construir su sede en el Paseo de Gracia. Y Galíndez, igualmente sensible a la localización, realizó un magnífico edificio como veremos a continuación.*

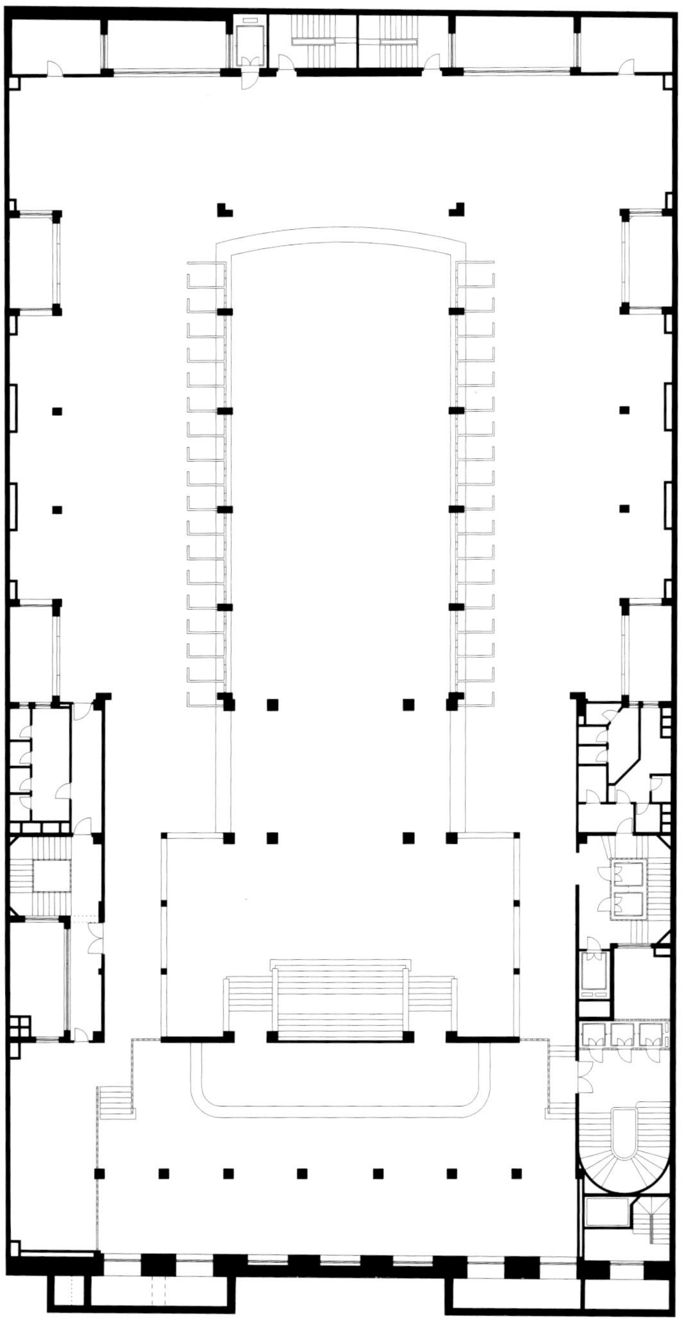

Basement floor plan — 0 1 5 10 m — *Planta sótano*

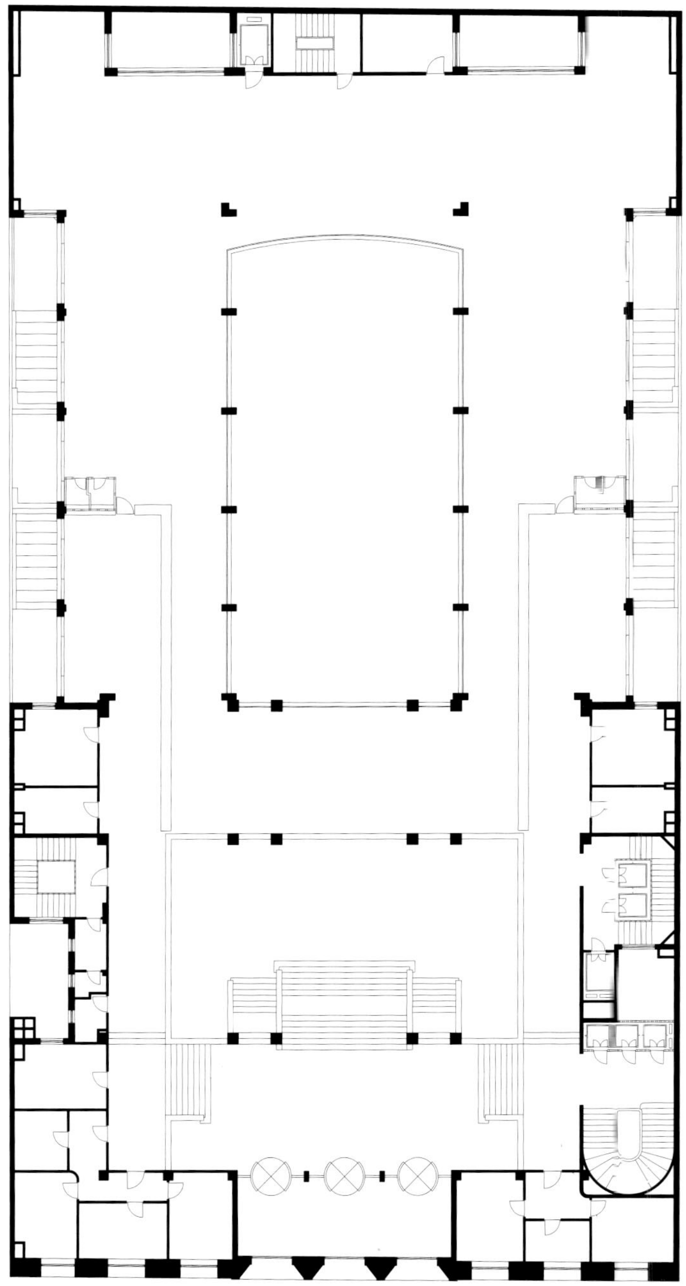

Ground floor plan — 0 1 5 10 m — *Planta baja*

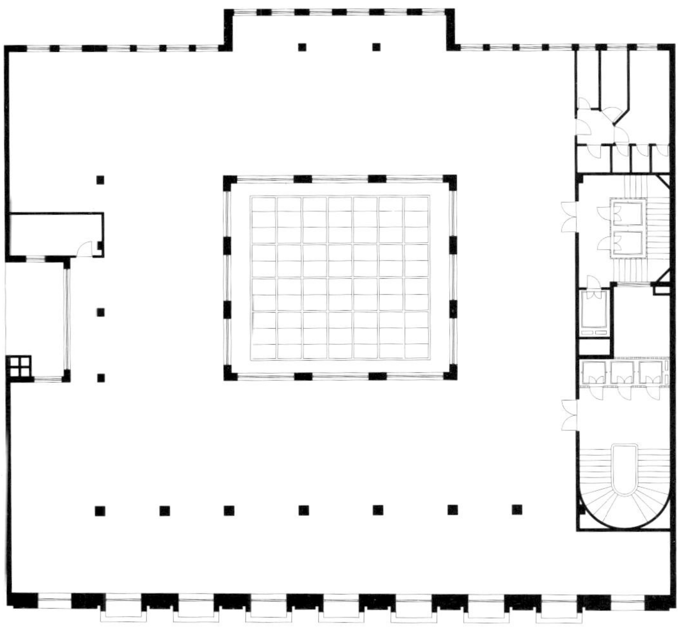

Second floor plan 0 1 5 10 m *Planta segunda*

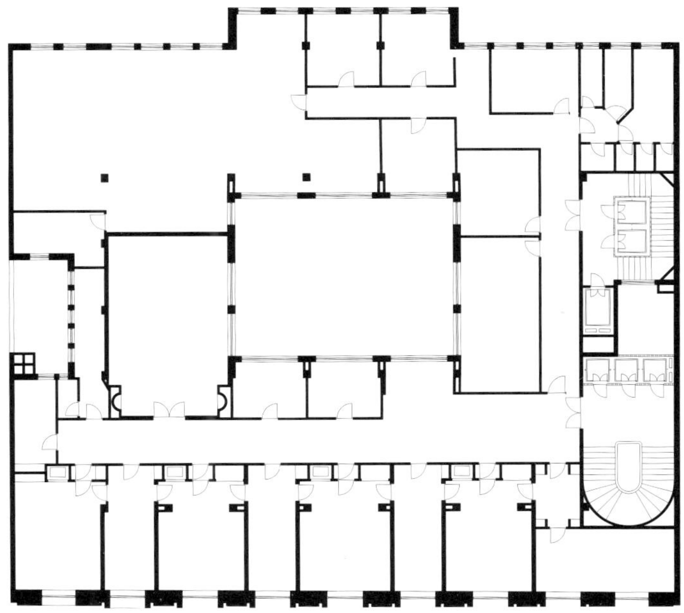

Typical floor plan 0 1 5 10 m *Planta tipo*

MASSING AND PLAN LAYOUT

The building is placed between other existing buildings. The façade, faces the Southwest to the Paseo de Gracia. The rear façade faces the court of the block of buildings. It is a compact building with ground floor, mezzanine floor and another five floors. Over these, there are yet another two attic storeys (sixth and seventh floors) which are slightly recessed and crown the building rising at the centre of the façade.

The interior distribution has been altered in order to adapt the building for a hotel. The rear façade has also been altered. That is why we will not stop at these elements. However, the architects who designed the refurbishment have respected, in general terms, the façade to the street.

VOLUMETRIA Y PLANTAS

El edificio está situado entre medianeras. La fachada principal, al Paseo de Gracia, está orientada al suroeste. La fachada posterior da al patio de manzana. Se trata de un volumen compacto, que tiene una planta baja con entreplanta y cinco plantas más; a las que se han de añadir dos plantas más (sexta y séptima) que están muy ligeramente retranqueadas, y constituyen la coronación del edificio, en la parte central de la fachada.

Las plantas, en el interior, han sido alteradas para acondicionar el edificio para uso hotelero. La fachada posterior han sido también alterada. Por ello, no nos detendremos en esos lugares. Sin embargo, en la adecuación al nuevo uso, los arquitectos autores del trabajo han respetado, en términos generales, la fachada principal.

Drawing by the author

Dibujo del autor

FAÇADE TO PASEO DE GRACIA

Galíndez described the composition of the façade as being of 'renaissance proportions, with a podium, a monumental order and a loggia'. This tripartite composition in which the façade from floor to cornice is divided, is at the same time subdivided 'horizontally in as many parts as possible.' Over the cornice rises a two-story attic.

The façade is divided into nine vertical bays, which allows to have a bay in the center of symmetry. The beginning of the façade composition is slightly separated from the adjoining buildings. The ground floor has three doors at the centre and, to each side, Galíndez placed three windows, which have now been opened down to the floor in order to make new entrances.

The three central doors where the access to the building. The have large splayed granite frames totally carved with bas-reliefs. A narrow and plain frame surrounds the three doors. Two feet of the same width of the frame, and which end in its lintel, separate the splayed doors. The bas-reliefs that cover the splayed jambs and lintel represent themes related to work[1]. The doors are made of bronze.

The building has a podium clad in light rusticated granite that stands on a granite plinth. The rustication is carved with vertical stripes. The plinth, the joints between the stones and the frames of the doors are polished. In the rusticated surface, and slightly recessed from it are the doors (originally windows) at the sides of the entrance doors and the windows of the mezzanine floor. The podium is topped with a thick impost that rests on a light quarter round moulding.

Between this impost and the cornice the façade is divided in two parts. The first part includes the windows in the first and second floors which are joined in the same strong surround, and the window in the third floor.

The windows of the first and second floor joined in a common surround are framed in a vertical bigger motive with the windows of the third floor. The windows of the three floors are in a recess from the façade surface. This corresponds with the pilasters and intercolumniations of the monumental order to which Galíndez referred. In is an abs-

FACHADA AL PASEO DE GRACIA

Galíndez describe la composición de esta fachada como "de proporciones renacentistas, con zócalo, orden monumental y logia". Esta composición tripartita en que se divide la fachada hasta la cornisa la subdivide asimismo "horizontalmente en el mayor número de elementos". Sobre la línea de cornisa se levanta un ático de dos plantas.

La fachada está compuesta en vertical por nueve vanos, lo que permite una composición simétrica. El muro de la fachada se separa ligerísimamente de los edificios colindantes, dejando un estrechísimo margen. La planta baja tiene tres puertas en el centro. A cada lado de este trío Galíndez proyectó tres ventanas, que en la actualidad han sido rasgadas para convertirlas en puertas.

Las tres puertas del centro constituyen el acceso al edificio. Están construidas en granito, con amplios recercos abocinados (esconces) completamente cubiertos por bajorrelieves. Un estrecho marco, completamente liso, que resalta de la fachada, recoge los tres vanos. Dos "pies", de la misma anchura del marco, que se entregan contra el dintel de ese marco, permiten separar los abocinamientos de las puertas. Los esconces están completamente ocupados por bajorrelieves, tanto en las montantes como en los dinteles, con alusión al trabajo[1]. Las tres puertas de acceso son de bronce,

El edificio tiene un basamento de granito claro almohadillado a partir de un zócalo de granito. Los almohadillados están labrados con estrías verticales. En el zócalo, el fondo (llaga) de los almohadillados y la embocadura de los tres huecos centrales están pulidos. En el almohadillado, y ligeramente remetido del mismo, se abren tanto las puertas (otrora ventanas) de ambos lados de la triada de puertas central, como las ventanas correspondientes a la entreplanta. El basamento se remata con una voluminosa y ancha imposta que descansa sobre una leve moldura de cuarto de bocel.

A partir de esta imposta, la fachada marca dos niveles en su composición, antes de llegar al cornisamento. En lo que concierne al primero, diremos que recoge las ventanas de las plantas primera y segunda unidas en un motivo con un prominente recerco, así como la ventana del piso tercero.

La unión de las ventanas recercadas con la del siguiente piso, se encuentra enmarcada en un motivo mayor, de notable verticalidad; ello se debe a la colocación del "motivo mayor", en un plano remetido con respecto al plano de fachada. Esto correspondería con los vanos y pilastras del orden monumental al que alude el propio Galíndez. Un

MANDARIN ORIENTAL

tracted order devoid of any ornament, similar to the one he used in the Naviera Aznar. The windows of the bays in the two extremes are not in a recessed plane, as the rest. These two more strong looking bays serve as beginning and end of the monumental order. Galíndez repeated this resource throughout his career in buildings such as the Naviera Aznar and the Bank of Vizcaya in Madrid.

Both the frame around the windows in the first and second floor and the recessed plane are designed without any ornament. The volumes of frames, recesses and mouldings are pure, bold without transitions or nuances. They are powerful, with right angles and strong contrasts of light and shadow. This produces effects of great plasticity and hardness.

Galíndez has designed the masonry of the façade over the bigger motif as a flat voussoired arch. The lintels over the windows of the extreme bays are equally divided into voussoirs as flat arches. After the last intervention on the building the ornamental motive which was placed over the lintel of the frame that surrounded the windows in the first and second floors, has disappeared (photograph in page 28).

It is important to point out that this frame projects out in its lower part forming a balcony. All the elements of the balcony such as the original baluster and the railing are remarkably hard and dry.

The slab of the balcony is supported by two prominent beams, that rest on the powerful impost of the podium, projecting out of it in a very bold way. The level of the monumental order, the first of the two placed over the podium, is topped with an impost that runs from side to side of the façade.

The joineries are made of bronze, the same as the panels between the two windows that form a vertical motif. Over that impost starts the last level of the composition of the main façade, before arriving at the cornice. In this level of the composition, Galíndez placed an order of pilasters which corresponds to the monumental order which is in the level underneath. These pilasters are narrower than the surfaces of wall between motifs underneath, as they are much shorter.

orden simplificado y desprovisto de todo ornamento similar al de la Naviera Aznar. Las ventanas de dos vanos situados en los extremos de la fachada no están recogidas dentro de un recerco rehundido como las demás. Estos dos vanos de apariencia más sólida actúan como principio y fin del orden monumental, o remates laterales de la fachada. Este mecanismo es recurrente en la obra de Galíndez, como en la ya mencionada Naviera Aznar y en la el Banco Vizcaya de Madrid.

Tanto el recerco de las ventanas de los pisos primero y segundo, como el salto de la estratificación del remetido, están realizados con secciones carentes de cualquier ornato. Los volúmenes de recercos, estratificaciones, molduras, etc. son puros, cortantes, sin matices. Son potentes, con ángulos rectos, y fuertes contrastes de luz y sombra. Este modus operandi *produce efectos de gran plasticidad y notable dureza.*

Galíndez ha diferenciado el despiece de la piedra de fachada sobre el "motivo mayor", con un arco plano, adovelado en arco. Igualmente las ventanas de los vanos extremos están igualmente con arcos planos. En la situación actual ha desaparecido el motivo ornamental, escultural, colocado sobre el dintel del recerco de las ventanas de los pisos primero y segundo (fotografía pág. 28).

Es importante señalar cómo ese recerco arranca en su parte baja, de un balcón. Los lados y el antepecho del balcón se adelantan del recerco. Todos los elementos del balcón, tales como el antepecho, los balaustres originales o el piso, son de una dureza y sequedad muy notables.

El piso del balcón descansa sobre dos prominentes apoyos, a modo de viguetas, que están sobre la poderosa imposta que remata el basamento, y la sobrepasan al proyectarse de modo visible hacia el exterior. Este nivel, primero de los dos niveles de composición que se sitúan sobre el basamento, está terminado en una línea de imposta que corre de un extremo al otro de la fachada.

Las carpinterías son de bronce. También lo son los paneles entre las ventanas que forman un motivo en vertical. A partir de esa imposta comienza el segundo y último nivel de la composición de la fachada principal, antes de llegar al cornisamento. En lo que concierne a este segundo nivel de la composición, señalar que Galíndez propone un ritmo de pilastras, que se corresponden con los paños de muro que quedan entre los motivos del nivel inferior. Las pilastras son más estrechas que esos paños, ya que su altura es mucho menor.

El muro que queda entre las pilastras está notablemente remetido con respecto a la superficie de la fachada. Esto hace que las pilastras

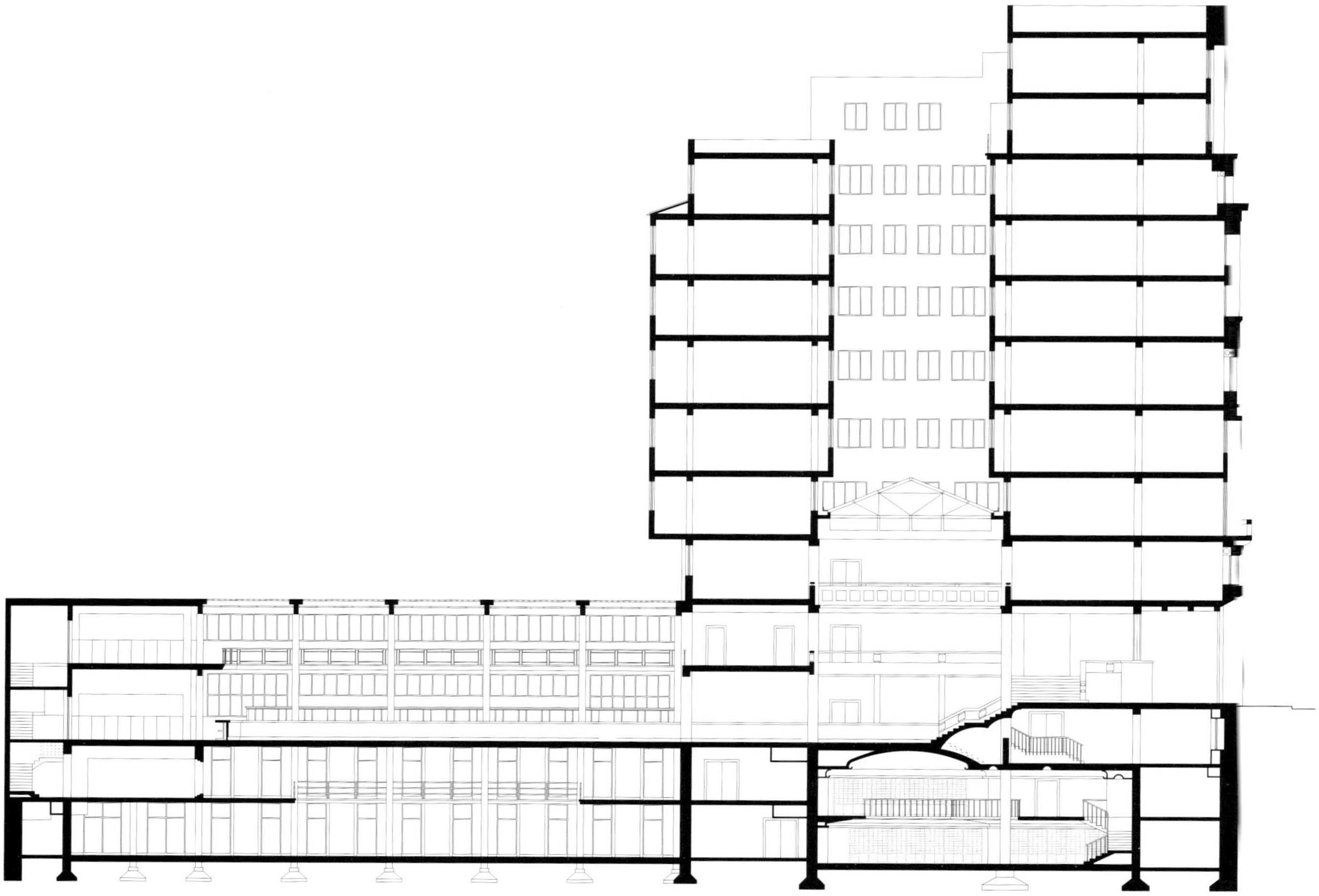

Longitudinal section

Sección longitudinal

The wall surface between the pilasters is very recessed from the plane of the façade, which makes the pilasters considerably deep. In that wall between the pilasters are placed the windows of the fourth and fifth floors, which share the same vertical frame. This frame is similar to the one seen in the level bellow although slightly thinner. As the wall between the pilasters is very recessed this level remembers of a loggia, as it has an extraordinary effect of contrasting light and shadow.

This second level is finished with an entablature which has two elements: a plain frieze and a cornice which has very prominent denticules. It is interesting to notice how the canonical elements of the classical language have been manipulated. The exaggerated denticules contrast with the discreet top moulding of the cornice.

tengan un fondo importante. En el muro que queda entre las pilastras se abren las ventanas de los pisos cuarto y quinto, compartiendo un común recerco vertical. El recerco es similar al ya visto en el anterior nivel, aunque ligeramente más estrecho. Al estar el muro de los vanos entre las pilastras remetido, hace que este nivel simule un "corrido" de logia. Este nivel presenta un extraordinario efecto de luz y sombra.

Sobre este segundo nivel, se coloca un entablamento que cuenta con dos elementos: un friso liso y la cornisa con unos dentículos muy prominentes. Resulta interesante comprobar la manipulación de los elementos canónicos del lenguaje clásico. Así contrastan unos exagerados dentículos con el remate de la cornisa que no es muy destacado.

Consideramos que Galíndez ha tenido presente esa idea de que en arquitectura, para los edificios altos, los ornamentos menudos y de

We think that Galíndez had in mind that in architecture, when dealing with tall buildings minute and delicately carved ornaments should be placed at a height close to the observer's eye. However, ornaments placed far away from the observer, at a considerable height should be designed of a much bigger size and especially with great plasticity that is, favoring the strong contrast of light and shadow; which is exactly the case with the cornice that Galíndez designed for this building. This concern for the relevance of ornament and its place in the building according to its degree of delicacy and elaboration, was a topic widely discussed in the last decades of the XIX and early XX centuries, particularly related to tall buildings in the city of Chicago. William Root was a central figure of this discussion.

meticulosa realización, se han de colocar a una altura próxima a la vista del observador; en tanto que los ornamentos que han de ser colocados alejados de la vista, a una altura importante, se han de diseñar con mucho mayor tamaño, y especialmente con gran plasticidad, es decir, con un fuerte contraste de luz y sombra; esto es precisamente lo que ocurre en el cornisamento que Galíndez ha propuesto para el edificio. Esta preocupación por la relevancia del ornamento, su ubicación en el edificio según la minuciosidad de su elaboración, fue tema de discusión durante las últimas décadas del siglo XIX y comienzos del XX. Muy particularmente en relación con los edificios altos, y en la ciudad de Chicago; con William Root como personaje central de referencia.

Podríamos hablar de un tercer nivel de la fachada, o bien analizar separadamente el tratamiento del ático. En este caso, al ser éste casi

We could speak of a third level in the façade, or analyze the attic floor separately. In this case it is almost flush with the rest of the façade, and it is not recessed, we think that it could be read as a third level of the façade composition.

Galíndez worked with great care on the attic of the building and requested the planning authorities to allow him to make it taller than what the regulations permitted, so as to obtain an adequate crowning (images in page 26).

This last volume, over the cornice, encompasses five of the nine vertical bays of the façade; specifically five of the seven central bays. The two floors of the attic, seventh and eighth floors, have their windows joined together in a vertical motif. The common jambs finish in a lintel of identical geometry to the jambs. These jambs are of the same thickness to those of the motifs that joins together the windows of the

coplanario con la fachada del edificio, es decir, al no estar retranqueado, consideramos que podría realmente constituir un tercer nivel en la composición de la fachada.

Galíndez estudió con esmero el ático del edificio y solicitó al ayuntamiento incumplir las limitaciones de altura para poder darle un coronamiento adecuado (imágenes página 26).

Este último volumen, sobre el cornisamento, abarca cinco de los nueve vanos verticales de los pisos inferiores; específicamente cinco de los siete vanos centrales de la fachada. Los dos últimos pisos de este volumen de remate del edificio, los pisos sexto y séptimo, tienen sus ventanas unidas en un motivo vertical. Tienen recercos verticales a cada lado, que se entregan a un dintel, de idénticas características que los recercos verticales. De modo que estos recercos forman una especie de pórtico. Estos recercos son de anchura idéntica a los del motivo que une las ventanas de los pisos cuarto y quinto, que están bajo el cornisamento.

fourth and fifth floors, under the cornice. The jambs of both motifs (those of the fourth and fifth floors and of the sixth and seventh floors) are in the same vertical plane.

In this volume, the surface of the windows is more recessed from the façade than the wall area between the windows. This area, although it has no opening have a niche crowned topped with a lintel, over which there is a recessed coffer in the centre.

Galíndez thought of placing sculptures in these niches but finally didn't do so. He left a large plain wall over these two floors before finishing the attic with a simple coping.

While this crowning volume is flush with the façade, the smaller volumes to its sides are not. These are recessed following the planning regulations. They have a first storey with the

Los recercos verticales de ambos motivos (de los pisos cuarto-quinto, y de los pisos sexto y séptimo) están en la misma vertical.
En este volumen de remate, las superficies destinadas a las ventanas, están más remetidas del paño de fachada, que las que hacen de separación de las anteriores.

Éstas, siendo ciegas, tienen un nicho rematado con un dintel, sobre el cual el muro aparece más remetido, con un cuadrado recortado en el centro.

Galíndez que pensó colocar esculturas en esos nichos, finalmente no lo hizo. Galíndez deja un amplio paño de muro sobre los últimos pisos antes de rematar la línea de unión con el cielo, con una sencilla albardilla.

Si este último volumen de remate está a paño con el resto de la fachada, no sucede así con los volúmenes que están a ambos lados del mismo. Éstos están retranqueados en la longitud establecida por las

required recess and a second one, more recessed that rises until it meets the coping of the central volume.

In spite of the elegant composition of the façade to the Paseo de Gracia, it is striking how poorly it harmonizes with the adjoining buildings, especially bearing in mind Galindez's sensitivity to the existing city. However, his perspective views for this project show that his original intention was to place the impost lines of his buildings at the same height of those of the adjoining buildings, giving a sense of continuity with them.

ordenanzas. Tienen una primera planta con el retranqueo indicado, y una segunda más retranqueada sobre la anterior, hasta alcanzar la cota del remate con el cielo del volumen central de remate.

A pesar de la elegancia de la composición de la fachada al Paseo de Gracia, resulta llamativo lo poco que armoniza con los edificios colindantes, teniendo en cuenta la sensibilidad de Galíndez hacia la ciudad existente. Atendiendo a las perspectivas del proyecto de Galíndez se aprecia que su intención original era hacer coincidir las líneas de imposta de su edificio a los de los edificios contiguos, creando así una continuidad entre ellos.

QUALITY OF EXECUTION

As it is usual with this architect, the materials used are of high quality. The execution has been very careful, even in very small details that remain usually unnoticed. He has also used different colours. The green used for the podium contrasts with the light grey of the façade's limestone. It is worth noting that he is very aware of the importance of the size of the ornaments, depending on where they are to be placed. The case of the denticules has been mentioned above, of an exaggerated size, although seen from afar they can seem adequate.

CALIDAD DE EJECUCION

Como es habitual en este arquitecto, los materiales utilizados son de gran calidad. Se ha cuidado la ejecución, hasta detalles muy precisos que pasan desapercibidos. También ha recurrido al uso del cromatismo. Así el verde del basamento contrasta con el color blanco grisáceo de la caliza de la fachada. Reseñar que es consciente de la importancia del tamaño que el ornamento, cuando existe, tiene a la hora de elegir el lugar de colocación. Ya se ha comentado anteriormente el caso de los dentículos, excesivamente exagerados, aunque en una visión alejada pueden parecer adecuados.

NOTES

1. Frederic Marès carved the three access doors to the building in granite. The jambs and lintel are covered with bas-reliefs that symbolize the work. Several figures are represented working on their professional activities, such as construction, agriculture, fishing, industry, etc.

NOTAS

1. *Frederic Marès esculpió las tres puertas de acceso al edificio en granito. Los elementos verticales (montantes) y los horizontales (dinteles) están repletos de relieves que simbolizan el trabajo. Los personajen representan diversos oficios, como la construcción, la pesca, la agricultura, la industria, etc.*

BIBLIOGRAPHY

BIBLIOGRAFÍA

Revista Nacional de Arquitectura

Nº 12. 1941. GALÍNDEZ, M.
Edificio de la S.A. Olaveaga

Nº 14. 1943. GALÍNDEZ, M.
Segundo grupo de viviendas protegidas de la CNS de Basauri
Grupo de viviendas protegidas Lipperheide y Guzmán en Lújua

Nº 18-19. 1943. GALÍNDEZ, M.
Casa de Campo "El Monasterio" del Excmo. Sr. Duque de Pinohermoso

Nº 47-48. 1945.
Sumario. Banco de Vizcaya

Nº 113. 1951. GALÍNDEZ, M.
Aeródromo de Sondica. Edificio Terminal

Nueva Forma

Nº 33. 1968. GALÍNDEZ, M.
La Equitativa. Edificio Iberduero

Nº 35. 1968. GALÍNDEZ, M.
La Aurora. Viviendas. Iberduero. La Equitativa

Nº 37. 1969. GALÍNDEZ, M.
Proyecto de la Escuela de Arquitectura de Madrid. 1917

Propiedad y Construcción

Nº 41. 1926.
Casas de vecindad de la Sociedad Anónima Construcciones Recalde Park

Nº 46. 1926.
Casa en construcción junto al "Cinema Buenos Aires" por el procedimiento de bloque hueco de hormigón armado

Nº 107. 1932. LOYGORRI DE PEREDA, E.
Nueva casa doble, propiedad de Don Domingo Hormaeche

Nº 120. 1933. LOYGORRI DE PEREDA, E.
El magnífico palacete que se ha construido en Sodupe el arquitecto don Manuel Galíndez

Nº 134. 1934. LOYGORRI DE PEREDA, E.
Futuro edificio para la Equitativa

Nº 146. 1935. SEGUROLA, E. – GALÍNDEZ, M.
El crecimiento de Bilbao en los últimos veinticinco años

Nº 146. 1935.
Un edificio para la Aurora en la plaza Elíptica

Nº 149. 1935.
Edificio para oficinas, exposiciones, almacenes y viviendas, construido por la Sociedad Española Hidroeléctrica Ibérica

Boletín Colegio de Arquitectos de Barcelona

1932.
Viviendas económicas de Begoña

El Sol

29 septiembre 1934. GALÍNDEZ, M.
Edificio La Equitativa, en Bilbao

Arquitectura

Nº 16. 1960. GALÍNDEZ, M. – CHAPA, J. M.
Residencia para empleados en la playa de Comarruga, Vendrell. Tarragona

Informes de la Construcción

Nº 33. 1952. GALÍNDEZ, M.
Aeropuerto de Sondica

Cortijos y Rascacielos

Nº 12. 1933.
Banco de Vizcaya

Composición Arquitectónica. Art & Architecture

Nº 3. 1991. CENICACELAYA, J.
El valor de la composición más allá del estilo. La arquitectura de Manuel Galíndez. 1892-1980.
Fundación F. Orbegozo. Bilbao

DPArquitectura

Nº 23. 2019. CENICCELAYA, J
Torre Bailén. Bilbao. 1940. La importancia del lugar.
Infoedita. Bilbao

Nº 33. 2021. CENICACELAYA, J.
Banco de Vicaya. Madrid 1930-1932.
Infoedita. Bilbao

Bilbao

1997. LÓPEZ ECHEVARRIETA, A.
El nonato puente de Uribitarte

BASURTO, N., PALIZA, M.
La sede del Puerto Autónomo de Bilbao. El arquitecto Julián de Zubizarreta y el hotel de la familia Olábarri

GARCIA, B.I., GARCIA, F.J.
Guía de Bilbao.
COAVN. Bilbao, 1993

GONZALEZ DE DURANA, J.
Rekalde 30. La tipología de edificios de oficinas en Bilbao.
Diputación Foral de Bizkaia. Bilbao, 1992

LÓPEZ SAINZ, C.
Primer quién es quién en Vizcaya.
Bilbao. 1975

MARTINEZ ARTOLA, A.X.
Enciclopedia general ilustrada del País Vasco.
Auñamendi. San Sebastián, 1982

MAS, E.
50 años de Arquitectura en Euskadi.
Gobierno Vasco. Bilbao, 1990

MENDIETA, J. M., OLAZABAL, M., SANZ ESQUIDE, J. A.
Archivo de arquitectura del País Vasco, años 30.
COAVN-Gobierno Vasco.1990

MOYA A., SÁENZ DE GORBEA, SANZ ESQUIDE J. A.
Artes y artistas vascos de los años 30.
Diputación Foral de Gipuzkoa. San Sebastián, 1986

PÉREZ DE LA PEÑA, G.
La arquitectura "Déco" en Bizkaia.
Ayuntamiento de Bilbao. Bilbao, 1997

PÉREZ DE LA PEÑA, G.
Arquitectura en Bilbao entre 1852 y 1936. Una visión desde el ornamento.
Diputación Foral de Bizkaia. Bilbao, 1998.

VARIOUS AUTHORS / VARIOS AUTORES
Madrid. Guía de Arquitectura.
COAM. Madrid, 1992. 2 Vol.

BIOGRAPHIES OF THE AUTHORS

JAVIER CENICACELAYA
Architect from University of Navarra. MA Oxford Brookes University, MSc University of Oxford. PhD. in Architecture from University of Navarra. Full Professor of Architecture at the School of Architecture of San Sebastian (University of the Basque Country). He practices Architecture in Bilbao with Iñigo Saloña.

IÑIGO SALOÑA
Architect from University of Navarra. He has been Lecturer of Architecture at the School of Architecture of San Sebastian (University of the Basque Country). He practices Architecture in Bilbao with Javier Cenicacelaya.

JAVIER CENICACELAYA & IÑIGO SALOÑA
Javier Cenicacelaya and Iñigo Saloña have received the Philippe Rotthier European Prize for Architecture (1992). And the Manzano Martos Prize of New Traditional Architecture (*Richard H. Driehaus Charitable Lead Trust*) Chicago.

They have lectured at various colleges of architects and schools of Architecture: Bilbao, Barcelona, Cádiz, Cartagena, Murcia, Palma de Mallorca, San Sebastián, Valencia y Valladolid. And the schools at University of Alcalá de Henares, ETSAB Barcelona, University of Navarra, UPV-

BIOGRAFÍAS DE LOS AUTORES

JAVIER CENICACELAYA
Arquitecto por la Universidad de Navarra. Master of Arts (MA) por Oxford Brookes University, Inglaterra. Master of Sciences (MSc) por la Universidad de Oxford, Inglaterra. Doctor en Arquitectura por la Universidad de Navarra. Catedrático de Composición Arquitectónica en la E.T.S. de Arquitectura de San Sebastián (Universidad del País Vasco, UPV/EHU). Ejerce la profesión de arquitecto en Bilbao con Iñigo Saloña.

IÑIGO SALOÑA
Arquitecto por la Universidad de Navarra. Ha sido Profesor de Composición Arquitectónica en la E.T.S. de Arquitectura de San Sebastián (Universidad del País Vasco, UPV/EHU). Ejerce la profesión de arquitecto en Bilbao con Javier Cenicacelaya.

JAVIER CENICACELAYA & IÑIGO SALOÑA
Javier Cenicacelaya e Iñigo Saloña han recibido el Premio Europeo de Reconstrucción de la Ciudad de la Fundación Philippe Rotthier. Y el Premio Manzano Martos de Nueva Arquitectura Tradicional, de la Richard H. Driehaus Charitable Lead Trust, *Chicago.*

Han impartido conferencias en los Colegios de Arquitectos de Bilbao, Barcelona, Cádiz, Cartagena, Murcia, Palma de Mallorca, San Sebastián, Valencia y Valladolid. Así como en las siguientes

EHU San Sebastian, Polytechnic University of Valencia, Architectural Association London, University Roma-Sapienza, University of Venice, University of Miami, Princeton University, Pratt Institute of New York, Instituto Tecnológico of Monterrey (México).

They have been Visiting Scholars at the Institute for the Arts and the Humanities of the *John Paul Getty Foundation* in Los Angeles, California. And Visiting Professors at the British School in Rome.

They are authors of several books and of numerous articles. They have a large experience in organizing exhibitions and producing publications on architectural and urban issues.

IÑIGO BASARRATE
He graduated as architect from the University of Navarra and completed a Ph.D on Architecture at the University of Edinburgh. He has published several articles in academic journals, has taught Architectural History at the University of Edinburgh and has been invited lecturer at the University of the Basque Country. He has worked as an architect, and has participated and organised several congresses, conferences and exhibitions related architecture.

escuelas de arquitectura: Universidad de Alcalá de Henares, ETSAB de Barcelona, Universidad de Navarra, UPV-EHU de San Sebastián, Universidad Politécnica de Valencia, Architectural Association de Londres, Universidad de Roma-Sapienza, Universidad de Venecia, Universidad de Miami, Princeton University, Pratt Institute de Nueva York, Instituto Tecnológico d Monterrey (México).

Han sido Visiting Scholars *en el Institute for the Arts and the Humanities de la* John Paul Getty Foundation *de Los Angeles, California. Y* Visiting Professors *en la British School de Roma Son autores de varios libros y numerosos artículos.*

Tienen una amplia experiencia en la organización e ideación de exposiciones de temas de arquitectura y urbanismo, redacción de catálogos de las mismas y otras publicaciones.

IÑIGO BASARRATE
Arquitecto por la Universidad de Navarra y doctor en arquitectura por la Universidad de Edimburgo. Ha publicado diversos artículos en publicaciones académicas, ha impartido clases de historia de la arquitectura en la Universidad de Edimburgo y ha sido profesor invitado en la Universidad del País Vasco. Ha trabajado como arquitecto y ha participado y organizado diversos congresos, foros y exposiciones relacionadas con la arquitectura.

PHOTOGRAPHICAL CREDITS

© Archivo Municipal de Bilbao:
pp. 14 top, 16, 87, 170

© Archivo Municipal Contemporáneo de Barcelona:
pp. 14 bottom

© Bilbaopedia:
p. 6

© Colegio Oficial de Arquitectos Vasco Navarro:
pp. 26, 30, 192

© José Manuel Cutillas:
pp. 18, 20, 24, 155, 160 bottom

© José Fontán Basañez:
p. 28

© José Miguel Llano
pp. 32, 34, 42, 44, 45, 46, 47, 48, 49, 50, 51, 52, 54, 55, 56, 60, 63, 64, 65, 67, 68, 69, 70, 72, 73, 74, 75, 76, 77, 78, 79, 80, 84, 85, 86, 90, 91, 92, 93, 94, 95, 96, 97, 98, 100, 105, 106, 107, 108, 109, 110, 112, 113, 114, 115, 116, 117, 118, 119, 120, 126, 127, 128, 132, 134, 135, 136, 137, 138, 139, 140, 141, 143, 144, 145, 146, 152, 153, 154, 156, 157, 148, 159, 160 top, 161, 162, 163, 164, 166, 171, 172, 173, 176, 177, 178, 181, 183, 184, 185, 186, 187, 188, 194, 198, 199, 200, 201, 202, 203, 204, 205

© Manuel Rodríguez Fernández:
p. 36

© Daniel Rovira:
p. 197

CRÉDITOS FOTOGRÁFICOS

© Archivo Municipal de Bilbao:
pp. 14 arriba, 16, 87, 170

© Archivo Municipal Contemporáneo de Barcelona:
pp. 14 abajo

© Bilbaopedia:
p. 6

© Colegio Oficial de Arquitectos Vasco Navarro:
pp. 26, 30, 192

© José Manuel Cutillas:
pp. 18, 20, 24, 155, 160 abajo

© José Fontán Basañez:
p. 28

© José Miguel Llano
pp. 32, 34, 42, 44, 45, 46, 47, 48, 49, 50, 51, 52, 54, 55, 56, 60, 63, 64, 65, 67, 68, 69, 70, 72, 73, 74, 75, 76, 77, 78, 79, 80, 84, 85, 86, 90, 91, 92, 93, 94, 95, 96, 97, 98, 100, 105, 106, 107, 108, 109, 110, 112, 113, 114, 115, 116, 117, 118, 119, 120, 126, 127, 128, 132, 134, 135, 136, 137, 138, 139, 140, 141, 143, 144, 145, 146, 152, 153, 154, 156, 157, 148, 159, 160 top, 161, 162, 163, 164, 166, 171, 172, 173, 176, 177, 178, 181, 183, 184, 185, 186, 187, 188, 194, 198, 199, 200, 201, 202, 203, 204, 205

© Manuel Rodríguez Fernández:
p. 36

© Daniel Rovira:
p. 197